万川
reflections

一步万里阔

岩波
新书

法国史10讲

フランス史
10講

[日]
柴田三千雄
——著
冯赫阳
——译

中国工人出版社

目　录

第6讲 法国大革命与第一帝国

第7讲 革命和名流的时代

第8讲 共和主义下的国民整合

第1讲

“法兰西”的起始

克洛维的涂油礼

大事年表

公元前 600 年	殖民城市马萨里亚建立
公元前 58 年	恺撒征服高卢
公元前 31 年	进入“高卢·罗马”时代（—406 年）
253 年	日耳曼人入侵高卢
395 年	罗马帝国分裂
406 年	日耳曼人全面入侵高卢
418 年	西哥特人到达阿基坦地区
476 年	西罗马帝国灭亡
约 496 年	克洛维改宗
507 年	克洛维打败西哥特人
732 年	图尔·普瓦捷战役
751 年	丕平开创加洛林王朝
800 年	查理曼加冕为罗马皇帝
约 840 年	诺曼人入侵
843 年	《凡尔登条约》
888 年	罗贝尔家的厄德当选法兰克国王
892 年	马扎尔人入侵匈牙利
911 年	诺曼人定居诺曼底
987 年	巴黎伯爵雨果·卡佩即位，开启卡佩王朝

什么是法国史?

本书计划将法国的历史分10回来讲，但是“法国史”对日本人来说到底有什么样的意义呢?

日本人接触包括法国史在内的“西洋史”，始于幕末明治初期。当时，以“万国史”为名的众多著述和译作突然出版，一方面是因为日本人对异国情趣抱有好奇心；另一方面是开国初期突然面对未知世界，日本人想更确切地认识自身国情和本国在世界中的地位，便将“历史”用作自我认识的手段。

那么将法国史用作自我认识手段时应该注意哪些问题呢？在此事先说明两点。

第一，为了探讨法国史在日本自我认识过程中起的作用，就要采用比较历史的方法，要将法国史与日本史关联起来。实际上，在长时期的历史分析中，法国和日本都不是独立的单位。法国属于“欧洲文化圈”以及更广阔的历史空间，法国史的展开只能在这一背景中去理解。同样地，日本属于“东亚文化圈”。

第二，文化圈各有各的构造和传播路径，不是固定的。这其中有历史形成的原因，也有文化圈之间缔结的各种关系的原因。伴随着历史发展，各文化圈的领域和构造在不断变化，作为这些相互制约关系的总体的世界体制也在不断变化。要认识这种变化，就要在历史学的范畴内进行“时代划分”。本书基于对现代的理解，对欧洲进行如下时代划分，将第一阶段的起点划在 16 世纪，这是欧洲开始与外部世界往来、与东亚和其他地区建立起直接联系的时期（第 4 讲）；第二阶段起点为 18 世纪后半期（第 6 讲）；第三阶段起点为 20 世纪后半期（第 10 讲）。这之前的章节作为近代史展开的基础，也就是近代欧洲在结构上成形的时期（从开篇到第 3 讲）。

但本书并不以比较史作为主要内容，仅仅是在偶尔进行比较和关联时有所言及。引言就这些，接下来进入本论。

❶ 高卢·罗马时代

高卢与高卢·罗马

“法兰西”是从何时开始的呢？当今被称为“法兰西”的这一地区，最初并不叫“法兰西”。“法兰西”这一称呼是在历史进程中由诸多要素综合作用而形成的，其中有一些里程碑式的事件。

靠近欧亚大陆西部的这一片地区，气候相对温暖，土地也比较肥沃，自古以来就是民族迁徙、文化交流的活跃舞台。这里有为数众多的史前遗迹。进入有文字可考的历史时期以来，古希腊人、凯尔特人、罗马人、日耳曼人相继来到这里。

古希腊人开始出入西地中海是在公元前 600 年左右。他们在马萨里亚（希腊语 Μασσαλία，拉丁语 Massalia，现在的马赛）建立了殖民城市并以此为据点将地中海文化圈沿罗讷河向北扩展。

凯尔特人是居住在中欧的、使用印欧语系的族群，他们因为气候恶化从波罗的海南下，为了躲避日耳曼人的压迫而向东和向西迁徙，在公元前 5 世纪到达现在的法国一带。

这一时期正是亚平宁半岛的罗马人逐渐扩张势力、成为地中海世界强国的时期，他们将北方的凯尔特人视为蛮族，将其居住的地区命名为“高卢”（拉丁语 Gallia，法语 Gaule）。高卢地区被茂密的森林覆盖，高卢人分为很多部族散居其间，没有形成统一的国家。各部族之间通过武士贵族的集会选举行政官，统治农民。阿尔卑斯山以南和地中海沿岸的高卢部族较早地被罗马人征服，成为罗马的“行省”。

罗马寡头恺撒于公元前 58 年出任高卢总督，发动了对高卢的武力征服，他镇压了高卢人的激烈抵抗，将整个高卢地区全部变成罗马的行省。对罗马而言，高卢在军事上和经济上都有很重要的地位，因此罗马对高卢的统治颇为尽力。这期间凯尔特文化和罗马文化相融合，部族间也实现了统一，这一时期在习惯上被称为“高卢·罗马时期”。

罗马文明基本上是城市文明，在它的影响下，高卢的军事、行政、宗教等据点都照着罗马城市的样子建设起来。罗马式的城市在高卢全境随处可见，特别在尼姆、阿尔等东南部的普罗旺斯地区，圆形剧场、上水道等遗迹众多。“普罗旺斯”（provence）这一地名的词源是拉丁语“普罗旺基亚”（provincia），即“行省”。

在城市建设的同时，罗马的制度也随之引入。在农村居住的高卢贵族逐渐移居城市，负责管理军务和协助行政的人还被赋予了罗马公民权。但是，高卢时期的农村生活并没有太大改变，除自由农之外，还有奴隶和佃户[1]从事谷物和葡萄酒的生产，支撑着庞大的罗马驻军的粮食供应。

日耳曼人大迁徙与罗马帝国的灭亡

地域广大的罗马帝国最大的烦恼就是外敌入侵。395年，为了保证帝国的防御效果，罗马帝国分裂成以君士坦丁堡为首都的东罗马帝国（即拜占庭帝国）和以罗马为首都的西罗马帝国。但这时的西罗马帝国已经受到了日耳曼人的入侵，丧失了防御能力。

日耳曼人与凯尔特人同属印欧语族，居住在北部的斯堪的纳维亚半岛和波罗的海沿岸。如前文所述，他们迫使从中

1　原文“小作农”，是日本历史上寄生地主制下，租种地主土地，以收成的一部分作为地租（称为“小作料”）上缴地主的农民。类似于中国历史上的佃户。——译者注。若无特殊注明，本书脚注均为译者注。

欧南下的凯尔特人向东西两向迁徙，在 3 世纪开始入侵罗马帝国内部。然而 4 世纪下半叶，此前一直居住在中亚草原的匈奴人入侵了乌克兰，日耳曼人中的东哥特一族被迫向西迁徙，这促使日耳曼部落开始了从东向西的大规模民族迁徙，大批日耳曼人向西罗马帝国境内涌入。

日耳曼人的迁徙伴随着掠夺和杀戮，但在罗马的管理下，他们愿意通过从事农耕和服兵役获得进入帝国境内定居的机会，类似这样和平融入的例子在当时有不少。到了 5 世纪，一些日耳曼部落首领接受了“国王”的称号，形成了日耳曼诸国，整个王国迁入罗马帝国，在指定地区获得土地、作为罗马帝国卫戍的同盟军驻扎一方的情况也有很多。但好景不长，这些驻屯军队开始四处割据，西罗马帝国逐渐仅剩名义上的宗主权。467 年，西罗马帝国皇帝被日耳曼一个部落的雇佣兵队长奥多亚克放逐，这一年成为西罗马帝国灭亡的年份。

❷ 法兰克王国

日耳曼部落国家与法兰克的兴盛

在高卢，罗马皇帝的统治实际上早已终结，因此西罗马帝国的灭亡并没有立即引起大的波动。但是日耳曼部落国家对统治范围的扩张兴致勃勃，在此之后，或多或少地继承了罗马文化的罗马·日耳曼诸国间的相互竞争持续了几个世纪。

这是 5 世纪后半期高卢的政治版图：从卢瓦尔河以南到伊比利亚半岛是以图卢兹为首都的强大的西哥特王国；东部和东南部是勃艮第王国，二者的前身都是很早就实现了罗马化的、在发达地区建立的日耳曼人的驻军国家；与此相对，罗马化程度较弱的东北部，是从莱茵河流域迁徙而来的，由同属日耳曼人的法兰克族建立的法兰克王国。

法兰克国王克洛维（481—511 年在位）统治时期，原本在高卢北部活动的法兰克人在与哥特人争战后，将比利牛斯山纳入统治之下。克洛维的子孙则将觊觎已久的勃艮第王国也收入囊中。至 6 世纪上半叶，法兰克王国成功征服了由凯尔特系的不列颠人建立的孤立世界——阿尔莫利卡半岛（拉丁名 Armorica，现布列塔尼），以及受罗马文化影响较深的地中海沿岸的高卢全境。西哥特王国被迫迁往伊比利亚半岛，以托莱多为首府，在 6 世纪末至 7 世纪繁荣发展。

与此同时，东西罗马帝国的版图也历经了很大变迁。在西罗马帝国原本的所在地意大利，东哥特族的国王狄奥多里克推翻了奥多亚克，以拉韦纳为首都梦想复兴西罗马帝国。公元 6 世纪，东罗马帝国皇帝查士丁尼一世（527—565 年在位）征服了包括东哥特王国在内的地中海一带的日耳曼人国家，在 6 世纪中叶统一了罗马帝国，实现了罗马的复兴。然而，在他死后，意大利被从北部入侵的日耳曼人伦巴第族所统治，罗马再次进入政治混乱期。

克洛维改宗

“法兰西”这一名称由法兰克王国而来，大概是在原罗马帝国内部出现的为数众多的日耳曼人国家中，只有法兰克一支成功统一了高卢全境的缘故。

原本握有军事权力的日耳曼人，倾向于将军事力量转变为领土统治力量。但是，日耳曼人的移民与原住民高卢·罗马居民相比，仅占高卢全境人口的 5%。因此，日耳曼国王要将统治范围从本部族的追随者扩大至全体居民，就要得到在统治知识和经验方面都很丰富的高卢·罗马贵族的助力，此外对既有的高卢·罗马的社会组织的利用也必不可少。特别是这些贵族往往占有主要城市的教职，而教会组织在当时拥有凌驾于行政组织之上的权力，对地方生活有很大的影响力。因此处理好与基督教的关系对日耳曼的国王们来说有着重要意义。

基督教从 4 世纪起开始在罗马帝国内得到公认，但是东边的君士坦丁堡教廷与西边的罗马教廷因为教宗至上权的问题呈现出对立的态势。西罗马帝国灭亡后，罗马教廷不可避免地服从于以东罗马帝国皇帝为首的君士坦丁堡教廷。如此一来，罗马教廷开始寻求与有权势的政治势力结合，法兰克国王克洛维被选中了。

这背后，罗马教廷内部还存在着安提阿派和阿里乌派之间关于教义的争论。4 世纪末，罗马帝国皇帝狄奥多西（379—395 年在位）将安提阿派的“三位一体说”教义定为国教，较早实现罗马化的勃艮第国王和西哥特国王虽然也改宗皈依了基督教，但他们接受的却是异端阿里乌派教义，而罗马化之后仍是异教徒的克洛维则是白纸一张。

公元496年前后，在兰斯主教雷米（雷米吉乌斯）的强烈推荐下，克洛维完成了受洗仪式，他的随从也随之改信了安提阿派，克洛维成为日耳曼诸王中唯一的天主教国王。在得到教会的支持和贵族的拥戴之后，克洛维从解放异教徒的正统性出发，进行征服变得更加容易。

从墨洛温王朝到加洛林王朝

法兰克王室承袭克洛维祖父墨洛维之名，称为“墨洛温王朝”，实行将王国视为家产进行分割继承的习俗，因此王国的统一非常短暂并且内乱不断。最终，加洛林王朝取代了墨洛温王朝登上了历史舞台。

加洛林一族是法兰克王国东北部的豪强势力，自8世纪起一直独占着王国内各处宫廷中最有实权的“宫相”一职。这一时期，席卷了阿拉伯半岛北部至北非的伊斯兰教徒跨过直布罗陀海峡侵入伊比利亚半岛，灭亡了西哥特王国，进而入侵法兰克的阿基坦地区。对此，宫相查理·马特（688?—741年）集结了法兰克贵族，在图尔·普瓦捷战役（732年）中打败了伊斯兰教徒，由此名声大噪。而且，马特的儿子丕平还远征意大利，将罗马教皇从伦巴第王国的施压中解救出来。751 年，丕平废止了已无实权的墨洛温王朝，开启了加洛林王朝，称丕平三世（751—768 年在位）。

为了使即位正统化，丕平的加冕仪式首次采用了基督教的涂油礼。加洛林王室与教会的关系在丕平的儿子查理曼大帝（768—814 年在位）统治时期得到进一步强化。查理曼每年东征西讨意在扩大法兰克王国的统治范围，他向东将易北河畔的日耳曼尼亚，向南将包括意大利北半部在内的广大地域都置于了加洛林王朝的统治之下。公元 800 年末的圣诞节，他从罗马教皇利奥三世手中接过了“罗马皇帝”的冠冕。

欧洲文化圈的建立

通过此次加冕，与东罗马帝国（拜占庭帝国）对抗的罗马教皇寻求到了有力的政治后盾。查理曼也享有了梦想中古代权威的荣耀，除“皇帝”称号之外，他还继续使用“法兰克人与伦巴第人之王”的称号，并没有舍弃将国家视为家产的传统观念。

但是，这一加冕仪式并非单纯是古代罗马帝国的复兴。在以地中海为内海的古罗马帝国解体后，以君士坦丁堡为中心的拜占庭帝国与控制了中东、北非和伊比利亚半岛的伊斯兰势力分别形成了各自的“文化圈”。而查理曼加冕为罗马皇帝，更深的意义在于它象征着新的文化圈——“欧洲文化圈”的形成。

这个新兴文化圈有其独特的构造和形态。在第 2 讲中会提到，10 世纪以后该文化圈彰显出来的特点便是，与拜占庭帝国奉行皇帝高于君士坦丁堡大牧首的政策以及伊斯兰世界实行政教合一的政策相对，罗马教廷在继承了西罗马帝国普世意义的“帝国”理念的同时，教会的宗教权威与国王的世俗权力之间形成了独立且共生的关系。

加洛林帝国的分裂

加洛林王朝虽然统治着庞大的领域，但与墨洛温王朝一样，其行政机构相当弱小。宫廷被置于亚琛，遍布全国的主教行使着军事、行政管理职能，国王还任命了至少 300 名地方权贵为“伯爵”，担任地方行政官员。这些人被授予土地作为职务补偿，但他们却将土地世袭化，出现了独立的倾向。

因此，查理曼死后，他的孙子们各自以一方权贵为基础分割领土，引起了内乱。根据 843 年的《凡尔登条约》，加洛林帝国被分割为三部分：长孙洛泰尔获得横跨今天德、法两国的带状的中央地区和意大利（洛泰尔本来的领地）；次孙日耳曼人路易获得东部地区（东法兰克王国）；最小的孙子秃头查理获得西部地区（西法兰克王国）。洛泰尔承袭“皇帝”的称号，但因为他的帝位建立在有势力贵族和主教的支持的基础上，所以皇帝的权威急速下降。在西法兰克，秃头查理（843—877 年在位，875—877 年称帝）之后已经选不出“皇帝”了。

《凡尔登条约》之后，随着国王的死去，围绕领土分割的内乱再起，处于东西法兰克王国之间的“洛泰尔之国”的北部，基本都成了东法兰克王国的领土。此后，法兰克王国再也没有统一。这次分割之后的东西法兰克王国及“洛泰尔之国”，就是现在的德国、法国和意大利三国的基本雏形。

❸ 法兰西的诞生

诞生的要素

法兰西并不是因为某一件事诞生的，更不是一蹴而就形成的。法兰西的起源问题，应该看作长时段中三个重大要素综合作用的结果。第一重要素是完全撼动了法兰克帝国整体性的深刻的政治和社会危机，第二重要素是以重建统治秩序为主要目标的卡佩王朝的建立，第三重要素是西法兰克特有的王权意识形态。接下来按顺序展开论述。

民族大迁徙最后的波动

《凡尔登条约》之后，法兰克帝国因为王位继承问题再度分裂，诸王纷争导致国土荒废，社会陷入混乱。而让这种混乱更为激烈的是自古延续的民族大迁徙最后的波动。这一波动同时来自三方：一方是 9 世纪至 10 世纪末入侵意大利和普罗旺斯地中海沿岸地区的伊斯兰教徒；一方是 9 世纪末至 10 世纪后半叶入侵中欧的东亚的马扎尔人；但是给西法兰克王国带来最直接危害的是第三方——居住在斯堪的纳维亚的日耳曼人中的维京人（在西法兰克被称为“诺曼人”，意为“北方人”）。

诺曼人自 9 世纪渡海南下，溯塞纳河和卢瓦尔河而上直至西法兰克内陆深处。西法兰克国王不得不在 911 年以要求诺曼人以改信基督教和帮助防御后续入侵者为条件，允许诺曼人中的一部分在塞纳河河口定居，这些人建立起公国，这就是最终征服了英格兰的诺曼底公国的起源。

西法兰克帝国内的居民不敢称侵略者为“蛮族”，因为国家的军事组织再也无法依靠，他们只能转向各自为政的地方军事势力寻求保护。

领地君主国与卡佩王朝的诞生

握有军事权力的人都是被封爵的地方权贵，他们在分割领土的征战中建立起了自己的武装力量，最终确立了领地的统治权。

在 11 世纪的西法兰克，握有这种“领地权力”的地方权贵有勃艮第公爵领、阿基坦公爵领、诺曼底公爵领、普罗旺斯侯爵领和弗兰德斯伯爵领等约 15 个爵士。这种被称为“领地君主国”（principauté）的统治地域有大有小，有公爵（duc）、侯爵（marquis）、伯爵（comte）等爵位上的区别，但实际领地势力与爵位并无关联。

随着各领地势力的增长，国王的权力变得无足轻重。9 世纪末，领地君主和主教废止了西法兰克王位的世袭制，改为选举制。888 年，盘踞在塞纳河和卢瓦尔河之间，因驱逐诺曼人有功的纽斯特里亚公爵罗贝尔家的厄德（888—898 年在位）被选为国王。虽然后来加洛林家仍有人当选，但在 987 年，就任王位的罗贝尔家的雨果 · 卡佩（987—996 年在位）为了巩固王权，在世时就指定自己的长子为继任者，由此开启了卡佩王朝的统治。

经过卡佩王室历代国王的努力，西法兰克王国的大半领土都被纳为了国王领地，但卡佩国王仍然不得不同位于权力第二级的领地君主平起平坐。但是，西法兰克的领地君主们以自己的力量选出与加洛林家族没有血缘关系的国王，即日后可能成为王国核心的卡佩家族，这是法兰西诞生的第二重要素。

与此同时，东法兰克加洛林家族的血统也已断绝，击退马扎尔人有功的领地君主萨克森公爵奥托一世（936—973年在位）被选举为国王。他统一了德意志和意大利的北部、中部，于962年从罗马教皇手中接过罗马皇帝的王冠，成为查理曼的后继者。这个被称为“神圣罗马帝国”的国家实质上相当于现在德国的范围。自此，法兰西与德意志的分道扬镳已成定局。

法兰克神话

法兰西诞生的第三重要素是关于法兰西起源的历史认识。

都尔主教格雷戈里（拉丁语 Gregorius Turonensis，约538—594年）在6世纪后半叶写的《法兰克人史》（*Historia Francorum*）被认为是法兰克人历史认识的原型。书中将受洗后的克洛维与改宗的罗马皇帝君士坦丁一世相提并论，称他为“新君士坦丁”，并称法兰克人是“上帝的选民”。这样一来，法兰克王国就不再是起源于征服高卢·罗马的蛮族国家，而成了由驻屯高卢起家的、罗马帝国的继承者。格雷戈里出身于阿基坦地区的高卢·罗马贵族之家，他与当时法兰克的知识阶层一样，生活在拉丁文化中，把自己看作“罗马人”，因此他把法兰克政权也正统化，看作是对罗马文明的继承。

7 世纪的弗雷德加尔所写的《编年史》（*Chronicle of Fredegar*）一书也强调了这种历史认识。书中说古希腊的特洛伊灭亡后，其王族经马其顿到达莱茵河流域，成了法兰克国王。这模仿了罗马建立者的传说。传说中罗马的奠基人罗慕路斯和雷穆斯兄弟是特洛伊的埃涅阿斯的子孙，这样一来，法兰克人就与罗马人成了同族。

法兰克王国是罗马文明的继承者，高卢·罗马贵族们建构的这一“法兰克神话”，为法兰克王权提供了正统性。但情况有变，加洛林王朝分裂之后，王权基本固定在东法兰克王国，而东法兰克国王自认是查理曼的继承者，他们通过这一层关系与罗马帝国建立起了继承关系。作为远离这一层关系的西法兰克国王，不得不寻求王位正统性的新说辞。

兰斯的祝圣礼

在前文提到的丕平在 751 年行涂油礼一事中，丕平终结了墨洛温王朝的统治，被苏瓦松贵族拥立为王。他本是篡位者，但是出席其即位仪式的主教却为他涂了圣油。三年后，在巴黎北部圣德尼修道院迎接教皇斯蒂芬二世时，他再次接受了涂圣油礼。丕平作为法兰克国王，第一次利用《圣经·旧约》中涂油的故事标榜了王位世袭的正统性。之后，丕平的孙子、加洛林王朝第三代国王虔诚者路易（814—840 年在位）在即位典礼上首次将涂油仪式和加冕仪式结合起来。

《凡尔登条约》之后的 878 年，任职西法兰克宫廷的兰斯大主教因克玛（约 806—882 年）在其著作中为克洛维的洗礼增添了新的传说："因为来宾众多，无法接近洗礼盆的主教雷米仰望天空时，一只白色斑鸠衔着一小瓶圣油翩然而降。雷米将其中的一部分倒进洗礼盆为克洛维施洗，剩下的部分给克洛维做了十字的标记。"

据因克玛所说，斑鸠是圣灵的化身。如此一来，之前被都尔主教格雷戈里称为"新君士坦丁"的克洛维，在因克玛这里成了"新基督"。克洛维的洗礼也就成了"祝圣礼"。"祝圣礼"不只是庆祝国王作为人民的代表即位，更通过涂圣油的仪式赋予国王超自然的力量，因此从这一层面来说，加冕是由神来完成的。

对西法兰克而言，"祝圣礼"的仪式包含两重重要意义。首先，盛圣油的小瓶一直保存在西法兰克的兰斯，因而西欧基督教世界的精神中心就由罗马迁至了西法兰克。其次，真正的"祝圣礼"只能在兰斯，且只能对西法兰克国王施行。这样一来，西法兰克国王不仅拥有了超越国内领地君主的权威，而且与东法兰克国王、神圣罗马帝国皇帝乃至罗马教皇相比，他还拥有了与克洛维一脉相传的“基督教国王”的正统性。

卡佩王朝取代加洛林王朝建立新朝代时，即位的正统性已经不再来自血统或是教会，而是由“祝圣礼”的仪式本身保证的。“祝圣礼”在卡佩王朝路易九世（圣路易，1226—1270年在位）时被定为典礼。

“祝圣礼”让西法兰克的王权特性能够追溯至克洛维改宗（比查理曼加冕还要早），正如德国的中世纪史研究者卡尔·维尔纳所强调的那样，这对之后法兰克史的书写有重要意义。法兰克王权成为立足于神意的、带有极强宗教色彩的强大王权。它还形成一种观念，即法兰西这个国家从诞生起就是带有特别使命的。用维尔纳的话来说，“国家的‘起源’是个重要的文化问题”。

法兰克人？还是高卢人？

时光快进至法国大革命前夕，西耶斯攻击贵族特权的政治小册子——《第三等级是什么？》（*What is the Third Estate?*，1789）非常有名。其中有这样几句话：“自己本来是征服者的后代，所以继承了征服权。至今持有这种愚蠢主张的某些家族，应该把他们赶回法兰克森林去。”

这段话的背景是16世纪法国贵族强烈拥护法兰西国家的“法兰克起源说”，即法兰西起源于法兰克人对高卢的征服，法兰西贵族是法兰克人的后裔，自然而然地继承了种种特权。这种理论宣扬了贵族特权对平民（第三等级）的正统性。而西耶斯通过反对法兰克人是法国人的祖先一说，批判了贵族特权。

法国人的起源问题是围绕着“自由”产生的近代法国政治理论的重要论题[1]。进入19世纪以后，“高卢人起源说”变得更有影响力。在法兰西第三共和国（1870—1940年）初期的历史教材中，“我们的祖先是高卢人”的这种观点成为主流。在普法战争中，法国人因屈辱败北而对德国产生反感，而现代法国人的“高卢起源说”无疑对这种反感起到了强烈加深作用。

关于现代法国人起源于法兰克人还是高卢人的争论，成为法国18世纪社会对立以及19世纪民族主义的立脚点。而

---

1 西耶斯在《第三等级是什么？》一书中强调，法国的自由不应该是仅特权等级能够享有的自由，而应该是全体公民的普遍自由。贵族们认为他们的特权继承自征服高卢的法兰克祖先，而西耶斯则指出：即使从血统论起，第三等级的平民也并不劣于祖先是法兰克人的第一等级、第二等级的贵族。因为第三等级的祖先是高卢·罗马时期的高卢人，远在法兰克人征服高卢之前就已定居在此，比起这些来自森林和沼泽的日耳曼蛮族要高贵得多。西耶斯实际上是借“高卢起源说”来反对贵族们一贯坚持的“法兰克起源说”。

法兰西实际的形成过程，如前文所述，是法兰克人、高卢人以及罗马人三方在几个世纪内相互融合的结果。但是，关于起源的任何说法都是关系到国家特性的生死问题，也是推动历史前进的极为重要的动力。

第2讲

中世纪与卡佩王朝

国王的涂油礼

大事年表

1027 年	“休战运动”
1066 年	诺曼底公爵征服英格兰
1070 年	勒芒的“公社”运动
1089 年	克吕尼修道院始建
1096 年	第一次十字军东征（—1100 年）
1152 年	埃莉诺与路易七世离婚，改嫁安茹伯爵亨利
1163 年	巴黎圣母院始建
1214 年	布汶战役
1270 年	路易九世死于突尼斯（第七次十字军东征）
1302 年	第一次等级会议
1303 年	“阿纳尼之辱”
1309 年	教皇宫迁往阿维尼翁
1328 年	瓦卢瓦王朝建立

欧洲文化圈的秩序观念

上一讲梳理了随着罗马帝国解体而形成的欧洲文化圈和法兰西国家的脉络，这一讲将探讨欧洲文化圈，尤其是法兰西国家社会内部的制度和结构。

在欧洲史研究中，一般将 6 世纪至 15 世纪称为“中世纪”，其间又分为前期（6—10 世纪）、中期（11—13 世纪）和后期（14—15 世纪）。第 1 讲的后半部分相当于中世纪前期，是从古代过渡到中世纪的时期。这一时期历经了社会大混乱，随后在中世纪中期迎来了社会重建，而欧洲文化圈的主要特征正是在这一阶段形成的。

欧洲的社会结构在中世纪中期得到完善，这对理解近代以来全球化的进程有重要意义。也就是说，当讨论 16 世纪出现的全球化进程时，我们需要思考它的原动力来自何处？这种全球化格局下，各个文化圈之间又是如何相互作用的？这些问题与既往时期各文化圈的内部结构密切相关，而文化圈内部结构的形成都可以追溯到中世纪中期。

那么在中世纪中期，欧洲文化圈的主要特征是什么呢？要理解这个问题就要从中世纪的社会等级观念入手。中世纪中期的社会重建，不只是人们通过粮食生产来复兴了经济生活，社会还产生了能保证人们安心生活的新的秩序观念。

在9世纪后半期，法国产生了将人划分为三个等级的社会秩序观念。这种观念脱胎于印欧语系的神话传说，后来逐步与基督教的宗教理念相结合得到发展。1027年前后，拉昂主教阿代尔伯伦（Adalbéron，947—1030年）等人为这一观念赋予了深刻的含义和完整的逻辑。在这种观念中，“上帝的殿堂”有三重职能：祈祷、劳动和战斗，人间与之相对应的角色分别是教士、农民和骑士。阿代尔伯伦宣称，国王是统合了三种职能、保证普遍秩序的存在，国王、教士和骑士要为“劳动者”（农民）提供保护，作为回报，他们要接受农民的劳动服务。这些角色由此结成了一种相互服务的关系。

起初，这一社会秩序中的三种角色并没有等级次序之分，但随着时代更迭，三种角色最终演变成了阶级关系，劳动者被置于了劣等的第三位。社会等级并不是在某一单一权力（特别是领主权力）的推动下轻易形成的。在法国，随着修道院教士和城寨战士两种角色的职业化，管理生活规范的教会、负责治安的领主和以经济活动为中心的民众三方共同构成了社会等级形成的推动力。基于他们各自的职能，教会在社会等级中排在了第一位，领主排在第二位，除这两者以外的民众则一起构成了第三等级。这种等级化正是中世纪欧洲文化圈的特征所在。但也应该看到，这种等级化是以农村为基础的，没有将新兴的城镇考虑进去，而且这种等级观念也有很强的排外性，犹太人就被认为是社会的异端。

❶ 领主权力与骑士

领主制与封建制

作为社会等级形成动力之一的“领主”权力，在不同国家有不同含义，即使在同一国家，时代不同含义也不同。在法国，大致来说，10 世纪是“大领主的时代”，11 世纪是“城堡主的时代”，12 世纪再度是“大领主的时代”。

10 世纪末，卡佩王室作为法国国王发家之际，其实际的势力范围仅限于西法兰克中北部的法兰西岛和奥尔良这片窄小的直辖领地（国王领地）。其他领邦的君主虽认同卡佩家族为王，在名义上臣属于卡佩王室，但事实上都是各自独立的政治势力。进入 11 世纪，随着权力的细化，此时的社会形成了领主之下还有领主的多层结构。到 12 世纪，随着开垦荒地面积的扩大和城镇的建立，人员流动和物质交换空前活跃，为了统治更广阔的领域，领主制再次登场。

领主制的建立首先是因为异族入侵，战乱搅乱了公众秩序，人们无法再依靠身边直接的人际关系。在这种背景下，新型人际关系——领主制登场了。其在历史上的原型是高卢·罗马社会的“大土地所有制”以及日耳曼部落国家的“扈从制”。

在高卢·罗马时代，贵族们拥有大土地，他们会在住所内圈养奴隶，同时令有隶属关系的佃户耕作他们的土地。奴隶和佃户的身份受国家法律的规定，但日耳曼人的入侵扰乱了罗马的法律秩序，这种大土地所有制遂转化成有势力的地主与奴隶和佃户之间的直接关系（保护与侍奉的关系）。

在日耳曼国家，存在着向贵族宣誓效忠成为扈从而换取庇护的“扈从制”以及扈从作为骑士为贵族提供服务而获得“恩荫地”的“恩荫地制”。这种以土地为媒介换取服务的方式与罗马的大土地所有制有相似之处。但是大土地所有制中，地主与农民之间的关系是世袭的和固定的，而扈从制则是自由人之间的契约，主人死后契约自动解除。

外敌入侵导致的内乱扰乱了日耳曼部落国家的公共秩序。骑士拥有的“恩荫地”逐渐变成世袭的“封地”，骑士理所应当地成为土地的世袭主人。在战争中，农民在寻求自身保护时往往会选择附近有势力的骑士，在这种情况下，骑士不再是过去那种单纯与耕作关系相结合的地主，他们因为保护自己领域内的居民而享有了“命令权”，成为“领主”。逐渐地，原本是“自由人”身份的附近的农民也都被纳入领主的保护之下，领主制慢慢普遍化。

在领主制中，领主的领地分为领主的“直接领地”和农民的“自留地”。直接领地由“农奴”身份的农民作为赋役来耕种。另外，作为领主的有势力者，为了保存自身实力往往会去投靠更有势力的领主而成为扈从。这样一来，领主与领主之间、领主与农民之间就结成了统治与从属的复杂关系网络。前者领主间的关系构成狭义的“封建制”，后者领主与农民间的关系涉及阶级性的政治社会结构，构成了广义的“封建制”（也称为“封建社会”）的概念。

欧洲封建社会的鼎盛时期是10世纪至13世纪，进入近代后封建制就不复存在了，但领主制延续了下来。法国大革命废止的“封建制”其实就是领主制。

城堡主与扈从

典型的封建社会的领主，其居所一般都配备武装，也就是城塞。城塞是10世纪初流行起来的二层木结构建筑，其周围配备有防护栅栏、四角设置有塔楼，具备简单防御功能。发生危险的时候，附近农民也能躲进来避难。城塞的特点决定了城堡主的势力范围有限，最大范围也不会超过一天的骑行距离。随着统治范围逐渐扩大，到了 12 世纪，领主们开始建造被护城河围绕的、石头构造的坚固城堡。现存的中世纪城堡都是这一时期的建筑。

城堡主往往会与上级领主结成扈从关系，在自己城塞势力内，成为一国一城的主人。他们的城内设有法庭和监牢，城堡主作为城内秩序的管理者，保护、统治着附近的农民。在势力范围内，他们还管理着市场，向过往的旅行者收取过路税。此时城堡主的管理权力已经带有了一种公共权力的性质。

城堡主的周围会形成扈从团。这些扈从自带马和武器，每天致力于通过战斗训练成为骑士。他们的来源多样化，有的是没有城堡的领主，有的是住在城内从事服务工作但身份自由的年轻农民。成为扈从要进行“臣从宣誓”（hommage，致敬）仪式。想成为扈从的人要不带武器下跪，双手合在一起放在主人的手中，这意味着服从。之后，他会被主人扶起，接受来自主人的拥抱，这象征着两人之间是对等的，也意味着主人与扈从之间不是从属关系而是友情关系。这种仪式是日耳曼国家固有的仪式，也是扈从制的重要特征。后来，大概是受基督教的影响，成为扈从还要进行“诚实誓约”的宣誓仪式。此外，一个骑士还可以同多个主人结成扈从关系，因为这是双边契约下的权利和义务关系。

随着“扈从制”的仪式化，骑士阶层形成了一套特定的行事方式和行为准则，这些礼仪和规范的形成与骑士拥有的特权、自身的特征以及世袭身份有关。首先，随着战斗形式发生变化，配有贵重装备的骑兵取代了原来的步兵，骑士们开始拥有佩剑等特权。其次，由于骑士肩负着保护弱者和服务教会的使命，因此勇气、诚实、忠诚等品质成为骑士阶层共通的特征。最后，“骑士”是可以世袭的，因此骑士身份也成为家族声望的重要组成部分。至 12 世纪末，骑士身份还衍生出后来在法国历史上扮演了重要角色的“贵族”（noblesse）身份。

上述社会的封建程度存在很大的地域差别。与北部城堡主相比，自古以来受罗马影响很深且很少经历社会动乱的法国南部地区（包括吉耶讷、朗格多克、普罗旺斯、多菲内南部等）的城堡主的实力较弱、手中权力比较分散，而且领土范围内还存在很多没有编入领主制的“自由地”。因此，镇压南部地区的抵抗势力并将其合并，使之顺应北部地区的制度和文化，成为中世纪末期至近代初期王权面临的一大挑战。

❷ 基督教与教会

修道院改革

法国社会等级观念的形成之所以从“上帝的殿堂”开始，是因为基督教在中世纪的欧洲占有极其重要的地位，但时期不同其地位也不尽相同。克洛维改宗以后，基督教在法兰克王国境内普及开来，但由于不得不依赖于国王和领主的保护，教会一直处于从属地位。国王或领主往往会任命家族成员或身边亲信出任主教或修道院院长等教职，并将他们纳入扈从制的系统。因此在 10 世纪，处于从属地位的教会由于没有联姻、战争、强夺等世俗权力变更的手段，其地位跌至谷底。

教会的权威得以确立正是在中世纪中期。在这一时期，天主教教会内部进行了三次改革，其中两次都发生在法国。

第一次改革是“修道院改革运动”。10 世纪，勃艮第的克吕尼修建起一座修道院，它直属罗马教廷，独立于地方封建权力之外成为自治的独立实体。这种修道院迅速扩张至西欧，形成“克吕尼派”。至 11 世纪，法国有 800 多个克吕尼修道院。克吕尼派对于教会地位的提高起到很大的作用。

但后来由于克吕尼派的修道士生活奢侈，威信逐渐下降，各地都出现了反对他们的新运动。其中，于 1098 年发起的同样始于勃艮第的“西多会运动”最为成功。西多会的修道士在远离人烟的地方过着苦行和冥想的集体生活，他们追求纯粹的信仰，反对克吕尼派的奢靡生活。但逐渐地，西多会日趋世俗化，教士们通过出售羊毛、家畜等产品积累了巨额财富，名声急剧下降。

针对这种情形，在 13 世纪，意大利出现了圣方济各会，法国西南部出现了圣多明我会等主张清贫的托钵修会。他们重视劳动和托钵游历传教，并与当时民间广泛传播的异端教派进行斗争，成为直属教皇的精锐团体，教会权威得到了进一步的提高。

“休战运动”

第二次改革是由在俗教士推动的“休战运动”。“休战运动”最早出现在王权较弱的法国南部，后扩张至北部。10世纪末，为了制约领主的征战和暴力行为，居民以教士为中心召开了宗教会议，期望得到领主的宣誓，要求领主在战争中保护特定的场所和特定的社会阶层（教士、农民、商人、朝圣者等），对于拒不宣誓的领主，他们还制定了“开除教籍”等制裁措施。11世纪初，要求领主在特定时期停止战争的“休战运动”出现了，这一运动的独特性在于它是由教会领导的、全体居民参与的广泛运动。

“休战运动”具有重大的意义，教会不再只关心教徒的灵魂问题，还开始代替国王和城堡主参与维护公共秩序，教会的地位大为提高。但是因为教会自身没有武装力量，所以这一运动不能持久地进行下去。

“格里高利改革”

第三次改革发端于11世纪后半期。随着修道院改革运动的深入开展，基督教进一步觉醒，教会谋划着要将教职的任命权从世俗领主手中夺回并交还到教皇手中。这场运动以其最热心的拥护者——教皇格里高利七世（1073—1085年在位）命名，被称为“格里高利改革”。

在这场改革中，针对世俗领主权力，教皇势力一方提出了划分“势力范围”的建议。格里高利改革很快就在法国引起了教皇与国王间的斗争，在德意志地区也引起了教皇与神圣罗马帝国皇帝间激烈的对立。12 世纪初期，教廷夺回了教职任命权，确定了教士由教务会会员选出、修道院院长从修道士中选出的原则。随着教会地位的提高，教士的道德水平和智力素质也得到了提高。格里高利改革的最终结果是在 13 世纪，教会被划分为大主教区、主教区和教区，教会内部各阶层的职能得到完善，洗礼、婚礼、朝圣等民众日常生活仪式也被纳入了以教区为单位的规范管理框架之中。

经过这场运动，真正意义上的欧洲社会的基督教化开始了。至今留存在以勃艮第为中心、分布在欧洲各处的被称为“基督教建筑精髓”的罗马式教堂，正是这场修道院改革运动引发的基督教觉醒在艺术上的表现。

十字军

领主与教皇之间并不是一直处于剑拔弩张的对抗状态，二者之间也存在着共同利益，“十字军运动”就体现出了二者的共生关系。

11 世纪末，塞尔柱突厥占领了巴勒斯坦，基督徒前往圣地耶路撒冷的朝圣变得十分危险。“十字军运动”正是为了夺回圣地而发起的远征。在教职任命权争夺最激烈的1095年，教皇乌尔班二世（1088—1099年在位）在克莱蒙会议上发起了这项远征运动。

自1096年，由图卢兹伯爵、弗兰德斯伯爵等法国和意大利的骑士组织的规模宏大的第一次十字军开始，到13世纪末的第七次十字军，“十字军运动”断断续续地持续了200多年。第一次十字军首战即告捷，他们占领了耶路撒冷，建立起了耶路撒冷王国。此后耶路撒冷王国与伊斯兰世界纷争不断。1291年，十字军丧失了其在东方最后的据点——阿卡，耶路撒冷王国最后的堡垒被攻破，“十字军运动”以失败告终。在这场声势浩大的远征运动中，法国国王曾数次领兵参加，路易九世更是于远征途中在突尼斯感染了斑疹伤寒而逝世。

虽然十字军是由封建诸侯组织的远征军，但作为发起者，教皇的权威在此次运动中得到了提高。而且对领主们来说，战争被赋予了朝圣的意义，新的“圣战”的概念被创造了出来，原本只是一介武夫的骑士成了与异教徒战斗的“正义之士”，骑士身份被神圣化了。在“十字军运动”中，捍卫和宣扬基督教教义的宗教责任与效忠领主的封建责任结合在了一起，教皇权力与领主权力实现了某种程度上的共生。

但是，领主与教皇之间的矛盾是一直存在的，13世纪初的第四次十字军东征就深刻地体现出了这一点。因为缺乏旅费，第四次十字军的主体是威尼斯人临时纠集的雇佣军。这群乌合之众在远征途中洗劫了拜占庭帝国的首都君士坦丁堡并与威尼斯人瓜分了掠夺而来的财宝。弗兰德斯伯爵还趁机建立起了自封皇帝的拉丁帝国。这次远征充分暴露了十字军在掠夺财富和开疆拓土上的野心，这违背了教会保卫耶路撒冷、传播基督教的初衷。教会对宗教的狂热与领主对土地和财富的狂热之间产生了冲突，而这种冲突正是十字军运动最终失败的原因。

❸ 商业的复兴与城镇的兴隆

农业的发展与村落的出现

得益于领主制度下治安的恢复，以及教会治理下社会生活的规范管理，11 世纪至 13 世纪，法国农村得到逐步发展。据推算，法国的人口在公元 1000 年到公元 1200 年的两百年间增长了 2 倍、到公元 1300 年的三百年间增长了 4 倍。人口增长的基础是大规模开垦荒地与农业技术改良带来的粮食供给的增长。在这一时期的欧洲，农业发展带来的经济和社会的转变，可以与 18 世纪、19 世纪工业革命引发的经济和社会的进步相匹敌。

农业技术改良主要体现在法国北部开始使用以驱使家畜作为动力的有轮犁、引入了三圃轮作法以及水车和风车的普及。在技术改良的基础上，个人垦荒和领主授意下的垦荒活动广泛开展，各地纷纷建起了“新村”。领主为了招募新村的定居者往往采取减免贡赋的措施，领主从前的庄园和直辖领地都有所减少，农民的赋役负担也转变为实物地租。另外，禁止自由流动的“农奴”身份也逐渐趋向废除。

随着生活条件的提高，以农民为主要构成人员的村落共同体逐渐建成。在村落共同体中，教区发挥了基层教会组织的功能。在前文提到的“休战运动”中，乡村牧师就起了一定作用。这种村落共同体逐步成为各种运动发生的场所。此外，村落共同体的出现还有另外一重原因，即城堡主为了在更多领域行使统治权，把居民集中到一起建成了村落。

商业的复兴与城镇

随着农村的发展壮大，农民开始成为生产活动的主体。虽然此时农民仍然负担着领主的赋税，但他们通过努力或者说凭运气，在谷物或其他农产品有盈余的时候，卖掉剩余产品后还能赚些钱。这样，以农业的发达和农民生活水平的提高为基础，从古代末期就衰退了的商业开始呈现出复活态势。

商业最早始于挑着农产品走街串巷的行商。后来在荒废的主教城、新村落、修道院、城堡和码头等区域附近，出现了商人和手工业者聚集的村子，村子人口逐渐有所增加。至12 世纪后半期，这些村子四周建起城墙发展成为城镇。在14 世纪初，法国全境约有 25 座人口过万的城镇，这些城镇大多分布在巴黎、鲁昂、布鲁日等北部地区，南部则有图卢兹、蒙彼利埃和波尔多等大城镇。

中世纪城镇的诞生意味着新的社会性和文化性空间的出现。人们从农业生产中分离出来，专门从事经营面包店、肉店、旅馆等各种经济活动。在这个社会中，居民可以根据自身条件迅速积累财产。于是，一个既不认同存钱和节俭经济观念，也不同于领主和农民的新型社会阶层——“布尔乔亚”（bourgeois，市民）诞生了。

然而，城镇并不是为所有人提供平等机会的开放场所。比起土地这样的资产，通过个人努力积聚的财产并不稳定，因此城镇内部的同业者之间结成了互相帮扶的组织——同业工会。13 世纪的巴黎约有 100 个同业工会。它们是有各自特定守护圣人的宗教团体，也是限制同业者人数增长的封闭集团。而且同业工会之间的关系也是不平等的，财力雄厚的同业工会的大商人往往在城里修建豪华的商馆并垄断着市政职务。

“公社”

城镇经济活动的主要障碍是地方战乱和领主的恣意征税。在这种背景下，加洛林王朝后期出现了“上帝的和平”[1]运动。随着这一运动的发展，市民团体——“公社”（commune）出现了。1070年，在法国北部城市勒芒，市民们集体订立盟约，向领主表明抵制征税的意愿。这种市民自发结成的团体被称为“公社”。随后“公社”逐步在其他城镇普及开来。

面对早期“公社”发起的运动，领主往往亲自进行镇压。但后来领主发现可以利用寡头商人来维持城镇秩序，双方遂达成妥协：寡头商人以提供巨额货币和定期纳税为交换条件，从领主手中获得城镇行政、税收和司法等自治特权。

这样的城镇在13世纪随处可见，它们呈现出两个特点：一是城镇建立在居民集体结盟的基础上；二是城镇是寡头商人垄断市政的阶级社会。随着城镇的发展，有势力的领主纷纷从农村迁往城镇居住，领主的宫廷也不再巡回流动，而是固定在了特定城镇。此时政治权力的所在地不再是山丘之

1 “上帝的和平”（Paix de Dieu），是10—11世纪，由天主教会发起的得到世俗权力支持的宗教和社会运动，其目的是实现西方基督教世界的和平以及缓和社会矛盾。

上、俯视农村的城堡，而是被城墙和护城河围绕、自身就是要塞的城镇。宗教活动的中心也从农村修道院转移至城镇教堂。值得一提的是，在“上帝的和平”运动中，市民在主教的庇佑下从领主手中争取到了一定权利，因此富裕的市民们在主教城市捐建了一座座主教座堂（cathédrale）。主教座堂取代农村修道院成为当时宗教活动的中心。这种新兴的哥特式建筑既美观又实用，其延伸向天空的拱形天井及玫瑰花窗的彩绘玻璃解决了之前罗马式建筑在采光上的短板。这种建筑首先诞生于法兰西岛地区，随后流行于欧洲各地。

中世纪城镇巴黎

这里简单介绍一下巴黎。在高卢·罗马时期，巴黎被称为“鲁特西亚”（拉丁语 Lutetia），是个繁华的交通要塞，但 6 世纪之后就衰落了。此后的日耳曼国家的国王常常不设定首都，到处辗转居住。比起巴黎地区，卡佩王朝初期的国王们就更偏爱卢瓦尔河河畔的奥尔良。

巴黎的再次发展始于 12 世纪。在农业蓬勃发展的年代，巴黎盆地一跃成为法国第一大谷物生产地。当时西欧经济发展存在两个极点，一个是意大利北部各城镇，另一个是和弗兰德斯结成定期市集的巴黎香槟地区的各城镇（包括特鲁瓦、普罗万、拉昂等）。这两个极点通过塞纳河的水路直接联结了起来。因此，巴黎的经济得到了进一步发展。此外，在塞纳河左岸的圣吉纳维芙丘陵上，巴黎建立起了享有盛誉的大学，吸引着欧洲各地的学生前来求学。在路易九世（1226—1270年在位）的统治下，于1163年开始兴建的巴黎圣母院大教堂也基本完工。至13世纪，巴黎已经具备了成为法国经济、政治和文化中心的所有条件。

❹ 卡佩王朝的成功

新型领地君主制

在这样的社会中，国王居于怎样的位置呢？如前文所述，早期卡佩王朝统治的范围非常有限。11 世纪时诸侯们各自为政，国王的统治范围有所缩小。但是到 12 世纪，卡佩王朝的统治范围再次扩大。

与中世纪前期的卡佩王朝不同，中世纪中期，卡佩国王在封臣之外还设立了常备军，并在中央和地方设立了“带薪官员”来管理领地。王室可以从领地获得固定收入，但这些收入并不能维持王室的用度。因此卡佩王室鼓励各城镇成立“公社”，以获得各地贡纳的钱财。此外在国王的准许下，官吏和教士还可以围绕着宫廷建立自己的宅邸。如此一来，国王就成了联结领主、城镇和教会等诸方势力的重要角色，建立起了对立但共生的多方关系。

同时领地君主的势力范围也有所扩张。领地君主们模仿国王建立了各自的宫廷，成为新型领地君主。这一时期，国王的势力与诸侯的势力不相上下。但是，卡佩王朝逐渐把这些诸侯的领地都并入了国王的领土。至 14 世纪初，包括亲王领地在内的全国四分之三的土地都归于国王的统治之下。

与卡佩王朝王权逐渐集中的趋势不同，中世纪中期的东法兰克（德意志地区），诸侯选出的神圣罗马帝国皇帝萨克森的奥托一世一脉已经断绝，神圣罗马帝国由弗兰肯公国的萨利安王朝（1024—1125 年）与士瓦本公国的霍亨斯陶芬王朝（1138—1254 年）交替执政。这期间，帝国境内的封建诸侯与皇帝结成了主从关系，加强了在各自领地内的统治权。在皇帝弗里德里希二世（1212—1250 年在位）统治时期，诸侯权力达到了顶峰，之后神圣罗马帝国因为选不出能与诸侯抗衡的皇帝而出现了“空位时期”（1254—1273 年）。虽然后来有皇帝即位，但是德意志地区分裂为大大小小数百个诸侯领地已成定局。王权的集中与否正是法、德两国历史的最大不同之处。

卡佩王朝的成功

对比一下东法兰克和西法兰克在中世纪中期分别确立起

来的王权，明明是神圣罗马帝国皇帝的权力更大，但为什么只有法国国王实现了权力的集中呢？其原因经常被后人归结为生物学因素——“卡佩的奇迹”。卡佩王朝历代国王相对长寿的基因惠及所有男性继承人，这也就意味着，国王在生前就能决定其后继者。这是一个简单但重要的因素，这种生前指定王位继承人的模式扼杀了诸侯篡权的最大机会，奠定了此后卡佩王权不断加强的基础。

但是，原因不止这一重。卡佩王室所处的法兰西岛经济发达，容易从各城镇征调货币。得益于经济实力，这时国王的身边出现了“法律顾问”（légiste），他们是一群在法律方面受过专业训练的新型知识分子。这些人以“理论家”和“技术官员”的身份为卡佩王朝君主制的发展作出了不容忽视的贡献。在封建法律的保障下，卡佩王室历代国王通过联姻、继承、交换领地等手段扩张了统治势力。尤其是腓力二世（公正王，1180—1223 年在位）、路易九世（圣路易，1226—1270 年在位）和腓力四世（美男子，1285—1314 年在位）三位国王对王权势力的扩张功不可没。

对于致力于王权扩张的卡佩王朝来说，始终想恢复往日荣耀的神圣罗马帝国皇帝，以及意图君临整个基督教世界的罗马教皇，是两大外部阻碍。

面对神圣罗马帝国的威胁，1214 年，腓力二世在里尔附近的布汶击败了对卡佩王朝的强大有所警惕的由奥托四世、弗兰德斯伯爵和英格兰国王约翰组成的联合军队。之后，随着神圣罗马帝国皇帝弗里德里希二世的逝世，德意志地区进入了“空位时期”。这样一来，对法国而言，来自东面的威胁就消失了。

卡佩王朝与罗马教皇的关系则经历了较大转变。在法国，教职任命权的争夺不像德意志地区那么严重。而且，指挥了第六次和第七次十字军东征、客死突尼斯的路易九世是所有的皇帝和国王中唯一被罗马教廷封为“圣人”的帝王，因此当时教廷是比较偏向于卡佩王朝的。这一时期，法国与教廷的关系处于相对平稳的状态。但进入 13 世纪后半期，随着神圣罗马帝国皇帝权力的式微，卡佩王朝面临的外部威胁消失，卡佩王室一改之前对教廷的宽容态度，转而攻击教廷。在腓力四世统治时期，为了缓解连年征战带来的财政压力，他宣布向教会征税，王室与教廷的矛盾彻底爆发。1303 年，为腓力四世效力的法学家纪尧姆·德·诺加雷在罗马近郊的阿纳尼突袭并拘捕了教皇卜尼法斯八世（1294—1303 年在位）。虽然教皇不久就被释放了，但是腓力四世的强硬手段无疑对教廷造成了沉重打击。1309 年，在腓力四世的干预下，法国籍教皇克雷芒五世（1305—1314 年在位）登基，为了避免罗马教廷反对，他将教廷从罗马迁至南法普罗旺斯的阿维尼翁。在此后的 70 年间，阿维尼翁教廷诞生了七位教皇，这些被称为“阿维尼翁之囚”的教皇们全都是南法出身的法国人，此时教廷也被法国国王牢牢控制在手中，卡佩王室的王权得到了空前加强。

安茹帝国

比起对外关系，最令卡佩王朝棘手的问题仍然来自国内的领地君主，尤其是与金雀花王朝的安茹家族的冲突。

1136 年，卡佩国王路易七世（1137—1380 年在位）与阿基坦公国的女继承人埃莉诺（约 1122—1204 年）完婚。阿基坦公国的领土广阔，囊括了法国西南部的广大区域。以联姻为契机，路易七世将包括比利牛斯山在内的阿基坦南部地区都并入了国王的领地。但是两人的婚姻却出现了危机，王后埃莉诺与金雀花王朝的安茹伯爵亨利传出了绯闻。1152 年，埃莉诺与路易七世的婚姻最终走向破裂。埃莉诺一离婚就转身嫁给了亨利，她还为亨利带去了嫁妆——阿基坦公国，这给了卡佩王朝一记重击。

1066 年，法兰克王国的诺曼底公爵威廉征服了英格兰，建立了日耳曼王朝。威廉死后，围绕王位争夺的内乱四起。安茹伯爵亨利因为其母亲一方的血统，成了英格兰国王的继承人。他于1154年即位，成为英格兰国王亨利二世（1154—1189年在位）。亨利二世统治着幅员辽阔的疆域，除了安茹伯爵领以外，他还坐拥诺曼底公爵领、都兰伯爵领和阿基坦公爵领等广大领地。在将布列塔尼公国收入囊中之后，亨利二世建立起了遥遥凌驾于卡佩王朝之上的、庞大的、横跨英吉利海峡的金雀花王朝，也称安茹帝国。作为领地君主，亨利二世与法国国王是臣属关系，但是作为英格兰国王，他与法国国王之间是平等的。从近代国际关系的角度来看，亨利二世与法国国王之间的关系是不合情理的，但是从封建国家的逻辑来看则没有问题。

虽然贵为英格兰国王，但亨利二世长期居住在法国的领地中。金雀花王朝无疑成了卡佩王朝王权扩张的巨大威胁。从腓力二世到腓力四世，卡佩王朝的国王们在利用封建法律和计谋策略夺回领土，以及令领地君主臣服方面倾注了大量心血。历经连年征战之后，金雀花王朝失去了法国大陆一侧的大半领地，仅剩下圭内公爵领和蓬蒂厄。

至14世纪初期，卡佩王朝统治下的法国不仅在欧洲政治格局中占据主导地位，随着法语在各地宫廷的普及以及兴起于法兰西岛的哥特式建筑的传播，法国也成为欧洲的文化中心。

第3讲

中世纪后期的危机与王权

“圣女”贞德

大事年表

1339 年	“百年战争”开始（—1453 年）
1346 年	克雷西战役（英军大败法军）
1348 年	黑死病流行（—1350 年）
1358 年	艾蒂安·马塞尔叛乱；“扎克雷起义”
1378 年	“天主教会大分裂”
1407 年	奥尔良公爵路易遇刺，阿玛涅克派对勃良第派的内战开始
1415 年	阿赞库尔战役（英军大败法军）
1429 年	贞德解放奥尔良
1431 年	贞德被逮捕、处决
1435 年	《阿拉斯条约》（阿玛涅克派与勃良第派和解）
1477 年	玛丽·德·勃良第与哈布斯堡家族的马克西米连结婚
1492 年	哥伦布第一次航行
1494 年	意大利战争开始
1498 年	瓦斯科·达·伽马到达印度

中世纪后期的时代特征

在欧洲史上，中世纪中期（11—13 世纪）是社会秩序和等级形成的时代，而中世纪后期（14—15 世纪）却是危机四伏的时代。经历了这一时期的危机，欧洲国家开始从封建国家向近代国家转变，这也是中世纪后期的时代意义。

在封建社会，领地君主与平民之间会建立起基于个人的、直接的管理模式，伴随着中世纪后期的危机来袭，管理模式日趋复杂，君主们以财政税收为基础，建立了常备军，完善了官僚体系，逐步将贵族统合进宫廷的政治生活。如果说这种管理模式彰显了近代国家的特征，那么这种转型并不仅仅是在中世纪后期实现的，而是经历了从 13 世纪至 17 世纪几百年漫长而持续的过程。

简言之，上述转型过程是这样的：国王发动战争或开展其他活动需要大量资金，遂瞄准了贵族封臣的口袋，这就需要将封臣纳入国家机构中与他们达成合作。这个过程衍生出两个问题。其一，封臣能否凭自己的判断接受或拒绝国王的“邀请”，这涉及国王与封臣之间的“自由”问题。其二，封臣是否有权代表人民接受国王的统治，这涉及人民的“民主”问题。这两个问题都是未来近代国家的重要议题，就前一个问题而言，它在中世纪后期还处于萌芽期，是处于有限君主制和专制君主制之间的不确定时期[1]。正如中世纪史研究者伯纳德·圭内（Bernard Guenée）认为的那样，这一时期的君主权利虽然得到强化，但具体是什么样的君主制还无法给出定论，而这种不确定性正是这个时代的特征。

1 国王与其封臣间的“自由”问题涉及很多方面，这里指的是国王在多大程度上受到封臣的牵制。国王的权力受到群臣的约束，就是有限君主制；国王的权力至高无上，就是专制君主制。在14—16世纪，法国国王表现出强势，但仍然受制于有权势的领主，比如勃艮第公爵以及后来的吉斯公爵和孔德亲王等，但是法国王权最终走向了集中，在路易十四时期实现了绝对主义的君主专制。因此就中世纪后期而言，法国君主制的走势的确是不确定的。作者在这里单独提出这个问题是为后文做铺垫。这里没有提人民“民主”的问题，是因为这重矛盾要到18世纪才凸显出来。

1 危机的时代

饥荒与黑死病

14 世纪、15 世纪让欧洲全境陷入黑暗的危机，是饥荒、疫病和战争三重灾难叠加所致的。

在中世纪的欧洲，气候灾害和连年征战引发的短期饥荒并不是新鲜事，但到了中世纪后期，饥荒演变成了慢性的社会危机。11 世纪起，欧洲人口开始增长，随着土地拓荒到达极限以及农业技术改良陷入瓶颈，人口过剩问题逐渐凸显，人口数量与土地供求的矛盾日益尖锐，粮食危机袭来，农民又回到了封闭的自给自足的经济模式中，社会经济发展停滞不前。

与此同时，欧洲又受到了黑死病的诅咒。1347 年末，从中东回来的意大利商船将鼠疫病菌带到了马赛，黑死病迅速入侵了欧洲。在两年的时间里，这场瘟疫在营养不良、免疫力低下的人群中肆虐，后来黑死病甚至成了周期性发作的流行病，整个欧洲都笼罩在其阴霾之下。在一个半世纪的时间内，法国有 30%~50% 的居民被黑死病夺去了性命，其恐怖程度可见一斑。

“百年战争”

对局部地区而言，最大的灾难还是战乱。在法国，围绕王位继承而掀起的“百年战争”产生了极大的破坏面。这场战争断断续续打了一百多年，主要分为两个阶段。

卡佩王朝的腓力四世驾崩后，他的三个儿子也相继早逝，卡佩家族嫡系男嗣断绝，“卡佩王室的奇迹”自此终结，法国王位成为各方势力觊觎的对象。最终，卡佩王室旁系的瓦卢瓦家族继承了王位。瓦卢瓦家族的腓力六世（1328—1350 年在位）即位后，腓力四世的外孙、英格兰国王爱德华三世（1327—1377 年在位）仍没有放弃对法国王位争夺，积怨已久的英法王室再次陷入紧张局势（参照图 3–1）。1339 年，爱德华率军入侵法国北部，揭开了“百年战争”的序幕。

法国在战争初期节节溃败，但是在 1375 年之后，法国逐步收复了除加莱、波尔多和巴约讷以外的广阔领土失地，以上为战争的第一阶段。

此后，英法之间迎来了大约为期 30 年的和平期，直至法国内部出现了分裂，战争的第二阶段才被开启。内乱的起因是瓦卢瓦王朝的夏尔六世（1380—1422 年在位）患有精神疾病，他的弟弟奥尔良公爵路易和叔伯兄弟勃艮第公爵约翰同时垂涎王位，围绕着权力展开了争夺。1407 年，勃艮第公爵刺杀了奥尔良公爵，以法国东部、北部骑士力量为基础的“勃艮第派”和以法国西部、南部骑士力量为基础的“奥尔良·阿玛涅克派”从此势不两立。

1415 年，趁法兰西内乱之际，英格兰国王亨利五世（1413—1422 年在位）入侵了诺曼底，英军在阿赞库尔战役中大获全胜。1420 年，亨利五世再度领兵入侵，无法组织有效抵抗的夏尔六世被迫签订了《特鲁瓦条约》。根据条约，亨利五世将迎娶夏尔六世的女儿卡洛琳娜，并在夏尔六世死后继承法国王位。

1422 年，英法两国国王相继去世。根据条约，亨利五世的儿子、年仅十个月大的亨利六世（1422—1461 年在位）同时成为英、法两国国王，由其叔父贝德福德公爵摄政，统治了卢瓦尔河以北的法国，亲英派的勃艮第公爵则统治着法国东部。然而，阿玛涅克派的王太子夏尔（夏尔六世之

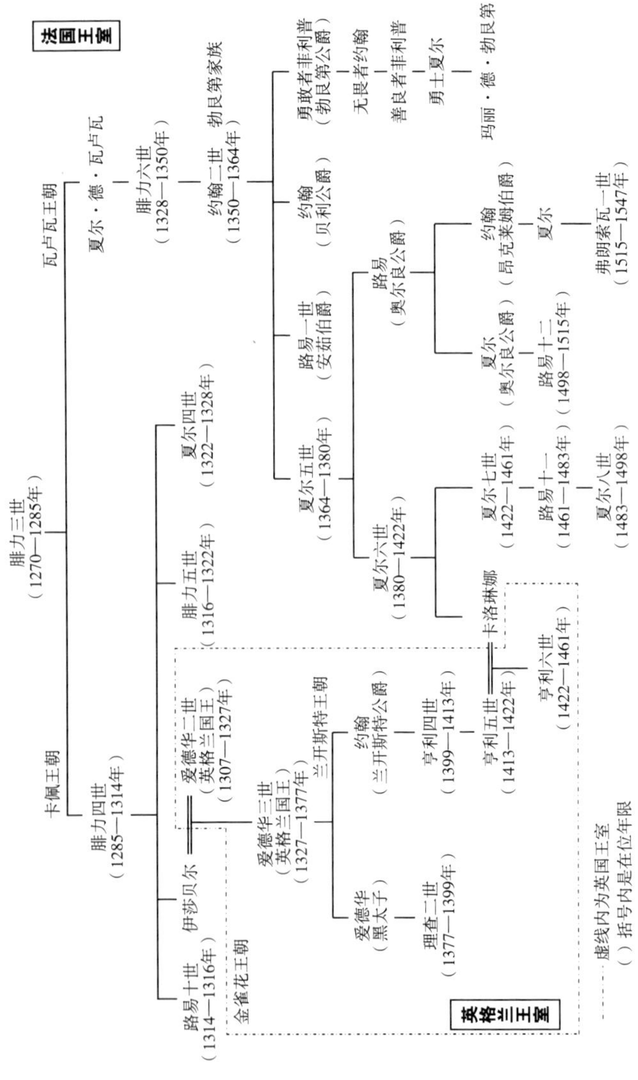

图3-1　中世纪末期法国和英格兰王室谱系

子）并不承认亨利六世即位的正当性，他宣称自己为夏尔七世（1422—1461 年在位），在布尔日另立宫廷，控制着卢瓦尔河以南的法国地域。夏尔七世与母亲巴伐利亚的伊丽莎白之间一直都有嫌隙，其母举证说他是私生子，并没有瓦卢瓦家的血统，夏尔因此失去了威信，国家士气也受到了影响。1428 年，贝德福德公爵决心结束诸王割据的局面，10 月份，英军与亲英的勃艮第派围攻了阿玛涅克派的重镇奥尔良。“圣女”贞德（约 1412—1431 年）于这一时期登上了历史舞台。

“圣女”贞德

贞德是洛林地区栋雷米村一户富裕农民家的女儿。1429 年，她知晓了奥尔良被围攻的消息，遂去晋谒夏尔七世主动请缨参战。贞德在卢瓦尔河畔的希农入伍成为一名士兵，在保卫奥尔良一战中，她举着有天使印记的旗帜率兵进入奥尔良，大大提升了城内军民士气，十天后，奥尔良“奇迹般地”被解放。

成功保卫奥尔良后，她不顾周围的反对声音领军进入法国王权圣地兰斯。1429 年 7 月，法军攻克兰斯，夏尔七世在兰斯大教堂正式加冕，贞德站在夏尔身旁参加了整个加冕仪式。由此，饱受身份质疑的夏尔巩固了其法国国王的正统地位，法国在混战中的局势稍微好转。隔年 5 月，贞德在巴黎近郊的战斗中被勃艮第军队捕获，勃艮第人把贞德卖给英军以换取奖金。1431 年 5 月 30 日，在经过充满恶意和阴谋的审判之后，贞德以“异端”的罪名在鲁昂的广场被处以火刑。

1435 年，阿玛涅克派与勃艮第派达成和解，夏尔七世全力对外作战，将英国军队彻底驱逐出法国。至 1453 年，英国在法国大陆的领土仅剩加莱一处，“百年战争”实际上已经终结。

“奥尔良的奇迹”到底是什么？

贞德大概可以算得上是与拿破仑齐名的法国历史名人。但是在 19 世纪中叶以后，法国人才开始将她视为“拯救了国家的少女”，在此之前对她一直是无视或遗忘的态度。最初赋予贞德崇高历史形象的是法国共和派历史学家米什莱（Jules Michelet），他把贞德塑造成了爱国的、共和主义的、人民的女儿。与此相反，反对共和主义的天主教会则强调贞德的宗教信仰和其身上彰显出的超自然力量。两种对立的观点在第三共和国时期得到折中，贞德被塑造为“爱国的圣女”这一形象。而当法国右翼民族主义势力抬头时，贞德又成了反盎格鲁·撒克逊的象征。

在此将贞德的形象与第7讲以后提到的法国民族国家的形成结合起来，把她当作一个被神话化的典型例子来分析。从历史的角度来看，关于贞德，应该注意两点。

第一，贞德救国的行为与近代国家的国民情感无关[1]。栋雷米村位于阿玛涅克派控制的东部地区，自古就是瓦卢瓦家族的领地。贞德为了躲避战乱曾从村子撤退，她亲眼见证过敌人的烧杀抢掠。贞德的父母都是基督教徒，她在浓厚的宗教氛围中长大，13岁时，她开始时不时地听到要她去“拯救法国”的“神的声音”。因此贞德揭竿而起的动机，一方面是出于保卫家乡的热忱，这是一种朴素的对故土的爱；另一方面是她深受民间广为流传的、兰斯“圣油礼”造就的“神圣的国王”的观念影响。在战争中，她执意确保夏尔在兰斯加冕，也不是某种战略计谋，而是出于虔诚的宗教信仰。正是基于信仰，贞德才带领军队创造了对自己一方充满自信、对敌人一方毫不畏惧的“奥尔良奇迹”。从这重意义上来看，中世纪还是宗教的时代。

第二，从“百年战争”的经过可以看出，政治局势是王朝之间的对立而不是全民参与的事件。勃艮第派与阿玛涅克派的对立不是绝对的，为了抗击英军，夏尔七世及身边的

1　此处的“国民情感”指的是欧洲近代民族国家的基础——国民身份认同，这种意识是现代政治的产物，中世纪的农民并不具备这种意识。

大臣一直在寻求与勃艮第派达成和解、一致对外。因此对阿玛涅克派来说，贞德一味战斗到底的做法实际上是一种麻烦，同时这些当权者对她身上体现出的民众的宗教热情也很有戒心。所以贞德被卖给英军后，夏尔七世一方没有采取任何营救的行动，这明显是舍弃了她。站在历史的角度上评价贞德，不过是民众间喷涌而出的抗敌热情在国难当头时被王权利用，而当这种热情与王权意志产生冲突时又惨遭抛弃而已。

危机的后果

中世纪末期的危机改变了封建社会领主、教会和城镇三方的势力格局。其中受到打击最大的是领主阶层。由于人口减少与土地荒废，构成领主基本收入来源的封建地租无以为继。领主因在战争中被俘而支付巨额赎金的情况也不在少数，很多领主家族都因为战火分崩离析、谱系断绝。领主阶层普遍陷入财政困境。

在这种背景下，为了将经济负担转嫁到农民身上，领主们加重了赋税剥削，遭到了农民的激烈抵抗。1358 年，法国北部爆发了“扎克雷起义”，这是一场大规模反对领主阶级的农民暴动，领主与农民的矛盾空前尖锐。15 世纪后半期，“百年战争”战火渐熄，领主们重建了领地并进行了制度改革，允许农民保有自留地并减轻地租赋税，吸引农民留在领地生活。虽然这些政策缓和了领主与农民的关系，但领主的收入也因此锐减。为了维持用度，领主阶层的生活方式发生了转变，他们开始进入宫廷谋求公职并领取年薪。路易十一（1461—1483 年在位）去世时，他的宫廷中约有 750 位领主身份的廷臣。

危机之下，国王与教会的关系也发生了改变。1377 年，教皇格里高利十一世（1376—1378 年在位）离开阿维尼翁重返罗马，反对派一方的法国红衣主教们旋即另立教皇，由此开启持续了近 40 年的“天主教会大分裂”。这次分裂在康斯坦茨大公会议（1414—1418 年）上消弭，参会的各国达成了共识，对立的教皇均被废黜，另选出了新教皇。这次会议虽然结束了天主教会的大分裂，但教皇的权威从此一落千丈，法国主教们摆脱教皇控制的意愿日益增强。1438 年，夏尔七世在布尔日召开教士会议，颁布了法国教会以国王优先的国事诏书。这是法国教会从教皇权力下独立出来，迈向“高卢主义”（le gallicanisme，国家教会主义）的重要一步。

最后来看一下城镇的发展。“百年战争”期间，先前与王权关系比较和谐的巴黎因为抵制增加税赋而成为反对王权的先锋。1358 年，巴黎的商会长（相当于市长）艾蒂安·马塞尔（约 1315—1358 年）领导市民起义，之后各种反对领主阶级的起义此起彼伏。但到了 15 世纪后半期，城镇的寡头商人与国王站到了同一阵营中，如同国王所期待的那样，他们成为维持城市秩序的保障，在回收坏钱稳定币制等经济政策上为国王效力。同时，一些上层市民还通过购买领主的土地进入国王的行政机构担任官职，为日后在体制内掌握发言权打下了基础。

❷ 君主制的强化

君主制统治机构的完善

中世纪后期的危机引发的社会变革，为法国君主制的发展提供了有利的社会条件。这一时期君主制的强化主要体现在以下三个方面。

第一个方面是君主制统治机构的完善。一般而言，在理想化的君主制下，王室无须苛捐杂税，仅靠领地收益就能稳定生活，国王与扈从的关系是一种直接的、建立在个人基础上的父权家长制关系。然而，随着国王统治区域的扩大，这种基于个人效忠关系的直接统治方式不再适用，君主制日趋“机构化”。

首先，中央机关不断完善。在法国，中央最高行政机构是由国王与少数重臣组成的“国王顾问会议”。12 世纪时这个机构已经发展得比较完备。到了 13 世纪，在路易九世的统治下，“国王顾问会议”开始出现职能分化，负责司法的高等法院（parlement）和负责财政的审计法庭（chambre des comptes）均成了独立机构。15 世纪以后，除巴黎以外，高等法院在图卢兹、格勒诺布尔、第戎、波尔多等地，审计法庭在格勒诺布尔、第戎、昂热等地（这些城市都是重新合并后[1]的主要城市）都开设了地方分支机构。中央机关呈现出层层分级的机构化趋势。

其次，地方管理机构也不断完善。自古以来，各领地上就有负责征税和司法的“普莱沃”（prêvôt）一职。腓力二世统治时期，王室又设立了监督这些“普莱沃”的带薪职位，即被称为“巴伊伊”（bailli）的司法监督官员（在南方被称为 sénéchal，“塞内沙尔”）[2]。地方官吏的队伍不断壮大，一直到 18 世纪，他们都在各自辖地上行使着重要职能。得益于这些官吏的管理，地方税收成了固定财源，法国国家财政得到了有力保障。因此到 15 世纪末，法国拥有了欧洲最强的陆军并最终赢得了“百年战争”。

---

1 “重新合并”指的是百年战争后法国国王对领土进行的调整，也是下文所说的“统一”。

2 二者有细微区别。“巴伊伊”出现于12世纪，通常是巡回的；“塞内沙尔”出现在13世纪，通常是固定的。二者都是代表国王行使“司法监督”职能的官员，存至法国大革命爆发。

最后，在法国君主制下，特有的“卖官制”形成了。14世纪末，随着国家管理体系日益机构化，财务、司法和行政等官吏职位逐渐增多，前任官员在退休后会收到来自有钱人的“报酬”，作为回报，他们会向国王推荐“合适的”官员候补者，供国王选择任用。这种原本只是私下存在的卖官制后来变成了公开制度并得到迅速发展。卖官制下诞生的“新官员”冲击了法国社会原有的三个等级，部分官职从世袭演变为买卖，也体现了法国从封建国家向近代国家的演变。

全国三级会议制度

中世纪后期，法国最重要的制度就是全国三级会议制度。1302 年，为了在与教皇卜尼法斯的对峙中获得先机，腓力四世决定对教皇采取强硬手段，遂将全国的领主、教士和市民的代表会集在巴黎圣母院召开会议以获得国民支持，这便是全国三级会议的雏形。之后类似的居民代表会议时有召开，但这些会议仅是国王出于协调税收的目的而举办，因为根据当时罗马法的规定，国王在征税时必须要征得利益相关者的同意，所以这些会议作用比较单一，举办时间也不定期。1484 年，教士、领主（贵族）、市民（平民，第三等级）三种身份的代表参加的全国三级会议召开，这标志着全国三级会议制度正式确立。这表明国家对人民的管理由“直接管理模式”进化到“组织管理模式”之际，有必要获得人民代表的共识。

但全国三级会议制度在国家政治中所起的作用相当有限，因为该制度包含了国王与市民的不同期待。国王一方想通过会议获得全国范围内的舆论支持，而市民一方则希望通过会议约束国王的恣意妄为。因此，国王会尽可能地避免召开这种会为其招致麻烦的会议，即使召开会议，也不是各方平等协商的“议会”，而仅是国王自上而下地传达旨意，这就为将来全国三级会议的纷争埋下了种子。

王权理论与皇家仪式

第二个方面是腓力二世以来，随着王室领地的扩大，国王开始强调王权对领主权力的优越性。也就是说，国王不仅是司法和军事的掌权者，而且具有和领主在本质上不同的某种特质。因此从 13 世纪至 15 世纪，国王身边的“法律顾问”们逐步构建了一系列王权理论，这为后世“君权神授”思想的形成奠定了基础。

关于这一点，出生在波兰后流亡美国的历史学家康托洛维茨（Ernst Hartwing Kantorowicz）的学说最为有名。他指出，中世纪的政治神学同时发展出了王权的“自然属性”和“政治属性”。前者强调了王室血统，将“王室”视为神圣化了的物质性存在；后者强调神的恩宠，将“王位”视为神秘性存在。“王位”是超越“王室”的抽象概念，这为近代“主权”概念的出现开辟了道路。

中世纪后期，“王权神圣化”的各种象征手段也得到了进一步发展，主要表现为一系列皇家仪式的成形。第 1 讲中提到，路易九世在位的 13 世纪，兰斯大教堂的祝圣加冕仪式被确立为典礼，这代表着中世纪法国王室“王权神圣化”象征体系的建立。中世纪史研究者勒·高夫（Jacques le Goff）认为，中世纪法国王室的“王权神圣化”体现在四个方面：国王被神赋予超自然力量、作为神与人民之间的中介者体现出的神性；国王支持教会活动的虔诚性；国王履行宗教职责的神职人员性；国王加冕后通过“皇家碰触”[1]治愈病人的奇迹力量。

除皇家仪式之外，法国还形成了诸多世俗仪式，王室意图通过强化这些世俗仪式建立起以国王为中心的约束人民日常生活的社会秩序。例如，从 14 世纪开始，国王在加冕后、凯旋时以及首次莅临某个城镇时，全体城镇居民都要为国

1　中世纪法国和英国的国王在加冕后会碰触他们的臣民（不论等级），这种碰触传说具有治愈疑难杂症的力量。

王举行热烈庆祝、规模浩大的“入城仪式”（entrée royale），以彰显国王的尊贵。15 世纪，在国王的葬礼移灵队伍行进之时，巴黎高等法院院长可以走在国王棺椁的旁边，这种“殊荣”让巴黎高等法院的社会地位大为提升。

诸侯领地的消失

第三个方面是 11 世纪以来法国君主制发展的最大障碍——诸侯领地的逐渐消失。

如前文所述，法国国王逐渐吞并了各领主的领地，扩大了自己的统治范围。这些区域的一部分作为亲王领地被勃艮第公爵和奥尔良公爵等王族领有。“百年战争”后，英格兰军队撤出法国，这些王族便成了威胁王权的存在。特别是统治经济最发达的弗兰德斯区域的勃艮第公爵，经常凌驾于国王之上炫耀其势力。

15 世纪后半期，坐拥豪华宫殿又浮华奢侈的勃艮第公爵夏尔（鲁莽者，1433—1477 年）觊觎王位，不自量力地与阴险乖戾的法国国王路易十一（1461—1483 年在位）作对，结果死于阴谋算计。路易十一借此机会将勃艮第和皮卡第等区域收入囊中，扩大了政治版图。但由于夏尔的女儿玛丽与奥地利皇帝的儿子马克西米利安的政治联姻，弗朗什—

孔代、阿图瓦、佛兰德斯和尼德兰等领地都落入哈布斯堡王室手中。为了弥补这一失策，路易十一大举吞并了安茹、曼恩和普罗旺斯，逐步瓦解了几大领主的领地，实现了法兰西的领土统一，虽然这种统一还不完全。

最后看一下对外关系。一方面，英格兰在“百年战争”后放弃了统治法国大陆的野心，安心于海岛，这促使英法两国的民族关系走向缓和；另一方面，作为广阔疆域的统治者，法国王室与崛起于德意志地区的哈布斯堡家族围绕着欧洲大陆的霸权开始了持续几个世纪的争夺。

各国在中世纪结束之时的比较

中世纪后期，欧洲多国普遍呈现出王权集中化趋势，法国的这一趋势呈现出何种特点呢？在中世纪中期的欧洲，领主、教会和城镇三方在社会治安、道德规范和经济发展三个方面确立了各自的职能，国王与这三方势力之间的关系已经呈现出不同。在此，粗略地比较一下中世纪结束之时法兰西、英格兰和德意志国内各方势力的关系，可以更好地理解法国王权集中化的特点。

法国历史学家马克·布洛赫 (Marc Bloch) 认为，卡佩王朝初期，王室在卢瓦尔河和墨兹河之间狭长的王室领地上实行着典型的封建制统治，除此之外的广阔领主领地上各有各的“习惯法”。因此后来国王对吞并的领主领地进行管理时，中央任命的代表国王行使“司法监督”的官员同地方势力之间关系异常紧张。为了安抚领主，国王免除了对他们的征税，并以征战沙场立下军功为由，给领主和教士阶层一样的优待，领主及骑士由此转变为“贵族”。通过这些恩威并施的手段，法国国王逐渐实现集权。

视线转移到英格兰。从诺曼王朝的威廉一世瓦解了盎格鲁·撒克逊时期诸侯的领地开始，国王就成了全国土地的统治者，掌握着司法、税收权力，贵族跟平民都被列为征税对象。国王在地方设有“郡”，设置“郡督”（sheriff）作为国王的代理人负责征税。郡督一般由地方贵族担任，作为本土势力，他们仍然保持着一定的独立性，但由于“郡督”的头衔与权力都来自国王，他们作为“国王代理人”的身份和职能已经固定，因此比起反对国王统治和冲击君主制度，郡督们更倾向于通过争取在君主制框架内保有一定发言权来维护自己的独立性。由此可以看出，英格兰保持着国家统治与地方自治之间平衡发展的模式。此外，英国还设立了相当于法国三级会议的议会制度，也在一定程度上维持了君主和贵族之间的平衡。

德意志地区的东法兰克王国则沿袭了诸多加洛林王朝的

制度。例如，“伯爵”不是封号而是官职，国王不是世袭而由选举产生，等等。此外，由于东法兰克地域广大，域内多森林和沼泽，王室及诸侯的领地相对分散，王室没有卡佩家族那样狭小但稳固的足以作为统治基础的王室领地。因此，诸侯在各自领地纷纷自立为王，德意志在政治上陷入分裂的局面。

由此可以看出，在迈向专制国家的转型之路上，法国国王没有被动地等待社会条件的成熟，而是主动向领主发起进攻，通过各种手段将领主权力掌握在自己手中。伴随着王权集中化进程，神化的王权与日益庞大的官僚机构之间不可避免地出现了鸿沟，欧洲范围内最受基督教世界尊敬的法国国王，伴随着最紧张的王权与官僚矛盾迈入了近代。

第4讲

近代国家的形成

香波城堡

大事年表

1494 年	意大利战争开始（—1559 年）
1559 年	《卡托—康布雷齐条约》
1562 年	瓦西的屠杀
1572 年	“圣巴托罗缪之夜”
1581 年	尼德兰宣布独立
1589 年	亨利三世遇刺，亨利四世即位
1598 年	《南特敕令》
1610 年	亨利四世遇刺
1618 年	“三十年战争”开始（—1648 年）
1624 年	黎塞留成为宰相
1627 年	拉罗歇尔之围（—1628 年）
1643 年	路易十四即位
1648 年	“投石党叛乱”（—1653 年）
1661 年	路易十四亲政
1667 年	尼德兰王位继承战争（—1668 年）
1672 年	荷兰战争（—1678 年）
1685 年	《南特敕令》废止
1688 年	普法尔茨继承战争（—1697 年）
1701 年	西班牙王位继承战争（—1714 年）
1715 年	路易十四去世

近代世界的序幕

在法国史中，法国大革命前的历史时期被称为“旧制度”（Ancien Régime）。这一名称能体现出法国大革命与过去全盘决裂的强烈的诀别意识[1]。在当时，它是指自中世纪至革命前夕的全部时期，但是现在一般指16世纪到革命前夕（1789年）这一时段，成为一种语义中立的时代划分。欧洲史中，这一阶段一般被称为“前近代”，也就是说自16世纪起，“近代”就开始了。

16世纪以后，欧洲文化圈与东亚或是伊斯兰文化圈相比，在经济、政治、文化方面有了显著发展，欧美国家的全球称霸历程就始于这一时期。法国的发展应当作为欧洲整体动向的一部分来理解。

为什么进入近代后欧洲文化圈诸国开始迅速发展？在此，本书想强调的是“世界一体化”这个角度。也就是说，之前一直处于隔绝的，或偶有往来的各文化圈之间在近代以来建立了持久的关系。然而，这种关系并不意味着欧洲文化圈已将其活动规模单方面地扩展至美洲、非洲和亚洲等非欧

---

1 形容词“ancien”放在名词前，表示“从前的，旧时的”，“Ancien Régime”的意思是以前的制度，不含褒贬义，但是这一叫法出现在大革命过程中，在当时体现了革命政权以大革命为分水岭、与过去的一切决裂的决心。

洲文化圈。其中最典型的例子就是东亚，在欧洲人到来之前的15世纪、16世纪，东亚的海上贸易已经很繁荣，亚洲商人们在东亚海域建立了广阔的贸易网。欧洲人来到东亚直接参与进了这个已经存在的贸易网。如果没有这一既存的贸易体系，那么欧洲人在东亚文化圈的活跃是不可能的。但是众所周知，针对欧洲诸国的海外扩张，日本和中国后来都转向了限制甚至禁止通航和贸易的“海禁”政策。

乍一看，这给人的印象是：欧洲诸国在“近代”道路上稳步前进，东亚诸国却从这个舞台上退场了。但事实并非如此，东西方之间的这种不同，实际上展示了优先考虑重建国内秩序的“内向”的东亚国家与以积极拓展海外活动为目标的“外向”的欧洲国家之间相互调节的关系。不仅是欧洲和东亚之间存在着这种“外向”与“内向”的互补关系，美洲、非洲和亚洲文化圈之间也存在着各种互补关系。正是这样一个包含了多样的调节关系的总体，构成了近代的“资本主义世界体系”。

需要指出的是，欧洲的“前近代”与日本的“近世”[1]在世界史上是同一时期。因此，下文将避免使用“前近代”这

---

1 日本史仿照欧洲史的分期、结合自身的特点划为古代、中世、近世、近代。广义的近世指1573年室町幕府灭亡至1867年德川庆喜“大政奉还”的历史区间，狭义的近世指德川幕府治下的江户时代。

种听起来颇为不习惯的说法，就用“近世”来指代这一时期的欧洲[1]。在这个“近世”的世界体系中，法国会发生什么呢？这正是本讲的内容。

1　遵从中国世界史研究的习惯，下文涉及欧洲的部分，仍译作“近代欧洲”，涉及日本的部分译作“近世”。

1 近代欧洲的巨大变化

近代的东亚

在开始欧洲的话题之前，为了更好地理解欧洲，简单地讲一讲东亚的情况作为对比。如上文所讲，在欧洲人到来之前，中国人、印度人和日本人就在东亚海域建立了活跃的贸易圈，但到了17世纪以后，日本和中国都转向实施了“海禁”政策。后来被称为“锁国”的日本的“海禁”并不是像字面上显示的那样“把国家封锁了起来”，锁国之后的对外贸易量一时还有所增加[1]。也就是说，德川幕府牺牲了

1 日本锁国时期仅允许荷兰东印度公司和清朝商人前来贸易。荷兰东印度公司独占欧洲对日贸易直至幕末时期。明朝虽然在1529年中断了与日本的外交关系，但是两国之间的民间贸易始终活跃。清初因为“铜荒”，清政府每年都派遣皇商赴日本采买“洋铜”，成了日本对外贸易的大宗。因此，日本虽然“锁国”但对外贸易量的确有所增长。

将对外贸易委托给欧洲人的机会，而将整顿国内秩序作为优先事项。因此，近世日本的经济不像欧洲诸国那样因与海外贸易挂钩而得到很大的发展，但是对内却促进了国内市场的成熟。

东亚国家间体系与下文将提到的欧洲的“主权国家体系”是完全不同的。东亚自古以来就存在着以中国为中心的册封体制，这种华夷秩序与近代欧洲的情况不同，因为它不会造成国家间经常性的竞争激化甚至引发战争，国家间的关系比较稳定。但是目睹了明、清政权交替的幕府与以中国为中心的华夷体系保持了一定的距离，圈囿在自己的小世界中。东亚传统的国家间体系在完全没有改变的情况下，在19 世纪中叶没能面对“现代化”这一趋势。实际上，近世以后，近代世界体系中各国都发生了性质上的变化。

大西洋经济

回到近代欧洲的话题，欧洲国家的这种“外向性”，在经济上集中体现为“大西洋经济”，在政治上集中体现为主权国家体系的建立。

“大西洋经济”是 16 世纪以来欧洲国家同美洲、非洲和亚洲来往的结果，远程贸易的舞台从地中海和波罗的海沿岸转移到大西洋一侧（亚洲贸易也经由大西洋）。得益于此，大西洋沿岸诸国迅速兴旺，早期资本主义也在这些国家中发展起来。“大西洋经济”最开始的中心是西班牙和葡萄牙两国，17 世纪后转移至荷兰、英格兰和法国。

弗朗索瓦一世（1515—1547 年在位）时期，法国向北美洲东海岸派出了勘察队，重点勘察了加拿大地区。后来的法国国王们更关心欧洲大陆内部的意大利统治权的争夺，新大陆的探险遂被推迟。但是从 17 世纪开始，法国在西印度和加勒比海的安的列斯群岛建立了殖民地。

海外贸易是国家经济和财政的重要组成部分，但西班牙是例外，海外贸易并没有推动西班牙国内经济的发展，称不上是国家发展的动力。总体上，欧洲国家为了提升国家总体实力，在致力于保护和促进国内经济发展的同时大力支持海外贸易，这种支持往往通过军事行动来实现。通过海外殖民活动和资本的原始积累，各参与国增强了自身的凝聚力和国民的国家意识。

从意大利战争到“三十年战争”

欧洲诸国在近代突然进入了全面战争时期，原因就在于冲突的加剧。在围绕领土与王权的传统冲突基础上，各国又在海洋贸易领域起了新争端，致使国家间关系发生了变化，出现这种变化的转折点就是意大利战争。

意大利战争本质上是对“基督教世界盟主”地位的争夺，战争性质带有明显的中世纪痕迹。从“百年战争”的重创中恢复过来的法国国王夏尔八世（1483—1498 年在位）沉迷于统治意大利的梦想。1494 年，他以拥有那不勒斯王国 (受西班牙阿拉贡国王统治) 的王位继承权为名，出兵意大利，掀起了战争。之后的法国国王延续了夏尔八世的志向，意大利诸侯、神圣罗马帝国皇帝和阿拉贡国王成为国王野心的绊脚石。1516 年，弗朗索瓦一世、教皇和西班牙等参战方缔结了《诺瓦永和约》，决定将意大利北部划给法国国王、南部划给阿拉贡国王统治。意大利文艺复兴时期的艺术得以被带回法国，现在，从香波城堡等卢瓦尔河河畔的华丽建筑中可以领略到法国文艺复兴时期的繁荣，这份繁荣很大程度上都要归功于弗朗索瓦一世征战意大利。

和平局面没有维持太久。1521 年，神圣罗马帝国皇帝查理五世（1519—1556 年在位）一继位就重启战端。查理五世先是继承了勃艮第公爵领，后又接过西班牙王位桂冠、统治了哈布斯堡家族的奥地利等广大疆域，野心勃勃要当西欧基督教世界的盟主。以法国国王为首，德意志和意大利的诸侯以及英格兰国王都站到了阻止他野心扩张的一边。战况云谲波诡，连年征战让各国财尽力竭，各参战方最终于1559年签订《卡托—康布雷齐条约》结束了战争。根据条约，弗朗索瓦一世的继任者亨利二世（1547—1559年在位）放弃意大利；英格兰国王退出加莱；查理五世的儿子、继承了西班牙王位的菲利普二世（1556—1598年在位）保有米兰和那不勒斯。经此一役，西班牙国王统治了意大利但放弃了复兴勃艮第公国的念想，法国以及哈布斯堡家族所做的中世纪帝国美梦最终破灭。

意大利战争时期也是欧洲进行海外扩张和宗教改革的时期。《卡托—康布雷齐条约》之后，西班牙国王菲利普二世与抵制其霸权的诸国之间形成了对立态势。菲利普二世以欧洲最强兵力进行军事扩张的同时牢牢控制着欧洲的天主教信仰，信奉新教的荷兰坚决反对西班牙统治，新教国家英格兰和天主教国家法国都站到了荷兰一边。

17世纪上半叶，“三十年战争”（1618—1648年）爆发，这是一场以德意志地区为舞台并波及欧洲全境的大战，这场战役标志着以教皇和神圣罗马帝国皇帝为核心的普世主义体系的衰退。战争的一方是神圣罗马帝国皇帝斐迪南二世，他获得了德意志旧教诸侯及西班牙国王的支持；另一方是奉行新教的丹麦、瑞典、荷兰、英国等国，后来法国以军事援助的形式加入了战队。“三十年战争”终结于1648年的《威斯特伐利亚和约》，西班牙同法国之间的战争则结束于 1659 年《比利牛斯条约》的缔结。“三十年战争”让神圣罗马帝国皇帝与西班牙国王精疲力竭，法国再也不用担心哈布斯堡家族统治下的奥地利。

主权国家体系

“三十年战争”后，欧洲的政治重心从中欧转移到了西欧。德意志诸邦因战乱元气大伤，海外贸易的重心从地中海转移到了大西洋沿岸。荷兰等新兴的海洋国家与奥地利这样的内陆国家构成了一种被称为“主权国家体系”的国际关系。这是近代欧洲独有的国家体系，其特征是改变了中世纪以来帝国和教会追求的普世主义理念，以王室为中心的各个国家开始围绕各自主权追求本国利益。比起宗教信仰和身份认同，各国形成以国家利益为先的理念。

近代欧洲国家不仅形成了尊重主权的普遍共识，而且还围绕“主权”发明了用于维护本国利益、避免国际战争、防止超级强国出现的和平手段，即主权国家之间开始通过“结盟”的方式进行外交，由此还产生了“均势”（Balance of Power）观念。这种外交方式最初出现在诞生了现实主义政治家马基雅弗利的近代意大利。当时的意大利诸国之间纷争不断，为了维持和平局势各国开始互派外交官常驻对方宫廷，后来这种外交模式逐渐成为惯例并在欧洲全境普及开来。

以上就是近代法国所处的国际环境。

❷ 迈向绝对主义君主制

贵族与布尔乔亚

意大利战争后，法国进入了持续百年的政治混乱期。直至 17 世纪后半期法国才彻底挣脱危机，在“太阳王”路易十四（1643—1715 年在位）的统治下成为欧洲最强的国家。

法国成为绝对主义君主制国家是时代使然。这个国家以国王为核心，拥有能够最大限度地调度领土范围内（“边境”的概念就是这一时期出现的）人力和物力资源的机构。换言之，国家通过征税和司法等手段统治全体国民，全体国民也通过一定的方式与国家关联起来。可以说这是“民族国家”的开端。

领主阶层的没落与新兴市民阶层的兴起促进了法国向近代国家的转变。从中世纪向近代过渡的这一时期，法国社会各阶层怀有不同心思。领主阶层以土地为经济基础，但仅靠农民的贡租很难再维持旧时生活，因此渐趋没落，只能寄居在宫廷中担任军职或圣职。在布尔日国事诏书（1438年）和博洛尼亚宗教协议（1516年）确立“高卢主义”后，主教和修道院院长的任命权转移到了国王手中。这样一来，王室亲王和大贵族往往可以担任国王顾问或地方总督等显赫职位，周边地区的中小贵族则成为他们的“被保护人”（client）。这些大贵族并不会产生推翻君主制的念头，但在地方上，仍有不少被时代留下来的穷困窘迫的豪强贵族，他们为了保住自身利益会借农民起义之机反抗君主制，这种情况在16世纪不在少数。但到了17世纪，完全反对君主制的贵族已经很少了，领主阶层走向没落。

前文提到的“布尔乔亚”是指中世纪城镇的市民，但到了近代，“布尔乔亚”的含义有所变化。随着工商业的发展，法国各地的城镇人口都有所增加，最大的城市巴黎在公元1500年拥有20万居民，随后的50年间人口增至30万。其他地方如金融城市里昂，商业城市鲁昂、马赛、勒阿弗尔、波尔多和拉罗歇尔等地的人口增长情况也相当引人注目。城镇周围遍布农村和市集，依托这种条件，有些农民逐渐脱离土地成为市集的小商人甚至是中等城镇的商人。从农民到商人，这种社会地位的上升在当时很普遍，而从一介农村商人经过数代人的努力成为地方城镇的大商人或制造业从业者，社会地位上升至名门望族的例子也并不罕见。近代意义的“布尔乔亚”就是指这些从民众中脱颖而出的、社会地位攀升的中间阶层。

对布尔乔亚来说，为了保证经济收入的稳定，他们需要能够维持国内和平、防止外敌入侵的强有力的君主制。但是由于国王实行的税课过重以及为了保护城镇拥有的自治特权，他们又抵抗君主制。近代的布尔乔亚不只从事扩张产业、积蓄财富的经济活动，他们之中或有人通过购买土地成为地主，或在“包税制”下负责国债的发放和征税，还有人买官入仕甚至成为贵族。除此之外，由于严格的行会规则制约了商业发展，一部分布尔乔亚为求安稳而选择成为具有一定社会信誉的“食利者”（rentier，靠利息和年金生活的人），“食利者”头衔的买卖也是君主制依靠的财源之一。这类商人逐渐脱离了商业活动从事金融行当，金融资本主义的蓬勃发展也是法国工业革命的开展时间比英国晚得多的重要原因。

这种社会阶层的变化构成了“绝对主义”和近代法国君主制危机的背景。

宗教战争

1510 年，“回归圣经”新教（Huguenot，在法国被称为“胡格诺”）改革运动在法国萌芽，到 16 世纪 40 年代，受到“加尔文主义”的影响，新教在镇压中逐渐发展壮大。新教教徒最早出现在法国城市的手工业者当中，后来在社会各阶层中都有所普及。至 16 世纪 50 年代后半期，包括王族在内的贵族阶层也开始信仰新教，他们与众多中小贵族拥护的大贵族围绕着宫廷要职起了争端，争端逐渐与信仰对立结合起来，宗教改革运动开始走上诉诸武力的道路。

在国王周围，一边是以意大利战争的英雄——吉斯公爵弗朗索瓦（1519—1563 年）为首的极力扑灭异端的狂热天主教贵族；另一边是以王族波旁家的纳瓦拉国王安托万（1518—1562 年）等人为首的新教贵族，两边呈现出水火之势。当时的国王夏尔九世（1560—1574 年在位）年幼即位，由其母后凯瑟琳·德·美迪奇摄政（1519—1589 年），凯瑟琳想在两派之间取得平衡。

作为少数派，新教信徒们在宗教争端中采取守势姿态。然而凯瑟琳谋求天主教与新教和平相处的中庸态度令吉斯公爵弗朗索瓦心怀不满。1562 年 3 月 1 日，他率部在香槟地区的瓦西屠杀了参加周日礼拜的新教信徒，掀起了武力冲突的序幕。这场被称为“宗教战争”的内乱持续了将近 35 年，其间作为少数派的新教徒一直顽强抵抗。出于对专横的吉斯家族的戒心，王室对这场战争态度暧昧，并没有表现出明确支持某一方的倾向。宗教战争波及面之广、破坏力之大、影响之深远，堪称法国史上仅次于法国大革命的一次大规模内乱。

经“圣巴托罗缪之夜”，宗教战争事态急剧恶化。在凯瑟琳最小的女儿（夏尔九世的妹妹）玛格丽特与纳瓦拉国王亨利（安托万的儿子）结婚之际，众多新教贵族齐聚巴黎。为了夺回权势结束内乱，凯瑟琳与吉斯公爵亨利 (1550—1588 年) 串谋，于 1572 年 8 月 24 日圣巴托洛缪节当日开始大规模屠杀新教信徒，被吉斯公爵煽动的巴黎民兵组织也拿起了屠刀。这场屠杀从前夜持续到黎明，约有三千人被杀害。后来屠杀还波及了地方城镇，最后共有一万多人死于这场杀戮。

“圣巴托罗缪之夜”之后各方势力均有改变。吉斯公爵亨利发起的“天主教同盟”得到了巩固，但教派内出现了不赞同吉斯公爵强硬路线的“政治派”，天主教派控制着法国东部；新教推举了从巴黎逃出来的纳瓦拉国王亨利为新领袖，以法国西南部为据点；法国国王夏尔九世于 1574 年逝世，其弟亨利三世（1574—1589 在位）即位。

宗教战争在最后阶段局势瞬息万变。觊觎法国王位的吉斯公爵亨利得到了西班牙国王菲利普二世的支持，与西班牙结成了强有力的第二次“天主教同盟”，并在1588年借巴黎市民叛乱之机控制了巴黎，亨利三世被迫出逃。但同年末，吉斯公爵亨利就在布洛瓦城堡被亨利三世诱骗暗杀。隔年，亨利三世也死于刺客的凶刃之下。

亨利三世身亡后，瓦卢瓦王朝因无男嗣而终结，纳瓦拉国王亨利成为法国王位继承人，是为波旁王朝第一任国王，称亨利四世（1589—1610年在位）。为了平息内乱、夺回巴黎，亨利四世继续征战，他抓住了巴黎天主教同盟内部西班牙势力、法国贵族与主张巴黎自治的民众组织内讧的机会，于1593年7月改信了天主教，并于隔年2月和平进入巴黎。

亨利四世排除各方阻力，令国内天主教贵族一一归顺，并在历经漫长的谈判后，于1598年4月签署了《南特敕令》，“改革宗教的人们”虽然在宗教场所上受到限制，但终于获得了信仰和礼拜的自由。亨利四世以出人意表的行动平息了内乱，他的行动力、洞察力以及人品在历代法国国王中出类拔萃，深受国民爱戴。但就在他着手重建法国之时，1610年5月14日，亨利四世在巴黎的街头被一个狂热的天主教徒刺杀。

黎塞留、马扎然和投石党之乱

亨利四世的遇刺令法国再度陷入政局动荡的局面。新王路易十三（1610—1643 年在位）幼年即位，由黎塞留（1585—1642 年）辅佐朝政。黎塞留出身于外省的中等贵族家庭，历经宫廷政治斗争，获得国王顾问会议长官（相当于宰相）一职。用一句话概括黎塞留的政治理念就是“强有力的王权”。在对内处理宗教纷争上，针对在法国西部和南部占有军事据点的新教贵族，黎塞留对其要塞拉罗歇尔采取了军事征服的高压政策，但保障信仰自由这一点上他沿袭了亨利四世的方针。在对外政策上黎塞留也延续了亨利四世的政策，通过与荷兰等新教国家结盟来对抗哈布斯堡家族统治下的奥地利。

“三十年战争”期间，黎塞留和路易十三先后去世。路易十四（1643—1715 年在位，1661 年亲政）即位时年仅 4 岁，由其母奥地利的安娜（1601—1666 年）摄政。教皇驻法国使节意大利人马扎然红衣主教（1602—1661 年）继黎塞留之后成为宰相。此时王权已呈弱化之势，法国出现了“投石党叛乱”。

“投石党”指扔石头以表不满的人，“投石党叛乱”是对当时内乱的揶揄说法。这场叛乱的直接原因是“三十年战争”期间，法国政府因财政困难征课新税，还将卖官制公开制度化。这样一来，政治发言权被削弱的传统贵族、权益受到侵害的官吏和因穷困而心怀不满的市民三方势力聚集在一起发动了叛乱。这场叛乱分为三个阶段。

第一阶段是“高等法院投石党叛乱运动”。1648 年，巴黎高等法院和各地最高法院为了维护官吏权益，联合起来反对马扎然的税收政策。马扎然指使孔德亲王围攻巴黎，高等法院出于忌惮大贵族的野心和担心民众运动过激，隔年 3 月与国王达成和解。

第二阶段是“亲王派投石党叛乱运动”。1650 年，摄政的安娜将居功自傲的孔德亲王投入监狱，亲王派的贵族们在各地发动叛乱，但这些叛乱在孔德亲王被释放后都被平息了。

第三阶段是“孔德的投石党叛乱运动”。回到根据地波尔多的孔德亲王得到了法国西南地区贵族和西班牙军队的支持，他决心推翻马扎然、攻打巴黎。1652 年 7 月，孔德亲王率师进入巴黎，但高等法院和富裕市民拒不配合。同年 10 月，孔德亲王出逃至西班牙控制下的尼德兰。隔年 7 月，孔德亲王派的根据地波尔多投降了。

“投石党叛乱”中，巴黎的市民组织是支持投石党一方的，王室因此数次被迫逃离巴黎。但是，大贵族、高等法院和巴黎民众三股反对王权的势力之间存在诸多牵制，并没有相互配合、形成合力之势对王权造成致命打击。后来，马扎然与西班牙签订了《比利牛斯条约》，恩赦了孔德亲王，促成了路易十四与西班牙公主玛丽·特雷西亚的政治联姻。1661 年，马扎然去世，路易十四开始亲政，开启了半个世纪的绝对统治。

路易十四的体制

路易十四统治的特征在于他否定和限制了社团的传统权利。在中央，他废止了“宰相”制，直接参与到政治中。初代权臣死后，一直占据要职的勒·泰利埃家族与科尔柏家族平庸的后代们鹬蚌相争，路易十四借机巩固和强化了个人政治地位[1]。此外，路易十四还取消了全国三级会议制度，自 1614 年起，全国三级会议在其统治时期再也没有召开过。

在地方上，自 17 世纪起，中央开始派遣“地方督察官”到各地监督通过卖官制获得官职的官吏。这些地方督察官是由中央政府任命的实行任期制的直辖官吏。投石党叛乱时期这些官吏职位一度被取消，但在 1680 年科尔柏（1619—

1 指路易十四统治前期的两位权臣首席大臣米歇尔·勒·泰利埃和财务总监让–巴蒂斯特·科尔柏死后，其后人们围绕权力的争夺。

1683 年）担任财政总监期间，在全国范围内设置“地方长官”成为固定制度，中央对地方的行政管理重新得到强化。此外科尔柏还全面推行“重商主义”，以在经济上与荷兰和英国相抗衡。这一时期法国的宗教政策也趋于收紧，1685 年，《南特敕令》被废止，不仅新教徒受到迫害，主张天主教会改革的詹森主义一派也受到打压。至此，法国在政治、经济、宗教等各方面的统治都达到空前强化。

凡尔赛宫

凡尔赛宫是路易十四统治的象征。对路易十四而言，他在巴黎并不是没有宫殿，塞纳河右岸有卢浮宫，郊外还有枫丹白露宫，但他还是花了 40 年时间将位于巴黎西南凡尔赛的先王猎宫改造成了欧洲最大的宫殿。凡尔赛宫建造的最初目的是举办宫廷宴会，1682 年后国王开始定居在此。凡尔赛宫改变了传统意义上“王宫”的概念，王宫不再具备中央政府办公机构的职能，而是成了单纯的国王住所，并且还作为国王向国内外夸耀权威的场所。

路易十四在凡尔赛宫建立了复杂繁重的礼仪制度。从国王起床到就寝的一天时间里，接见、宴会等活动交替进行，诸般事宜每一件都要按严格的礼仪来进行，数千人的贵族显贵都要按照各自序列参加这些活动。通常二三百人的名额预留给早晨时的接见，五十人的名额留给就寝前的接见，凡尔赛宫就像以国王为中心运转的“太阳系”，每个人与国王之间的距离都有着严格规定，每天有限的觐见名额对贵族们来说成了大问题，每个人都千方百计地想离国王更近一些。投石党之乱中，拿起武器挑战王权的血气方刚的贵族们，现今舍弃了自己一众家臣住在凡尔赛宫，每天小心翼翼地揣测国王的心情，靠国王慷慨的恩惠度日。这样的凡尔赛宫无疑成了拔掉贵族的尖牙并把他们驯化了的“黄金牢笼”。这些变动之中最重要的是“国家”被封闭在王宫内部的私人居室里，日趋僵化。

❸ 法国绝对主义君主制的结构

“中间团体”

路易十四时代的法国是典型的“绝对主义君主制”。就当下而言，该如何看待“绝对主义”，本书总结了几个要点。

与中世纪国家不同，近代国家会将领域内的居民集中起来进行管理（如课税）。但是这种管理并不是直接的，由于通信不发达，地方割据势力强大，再加上中央可派遣的官吏人手不足，国家与人民之间是通过“中间团体”（les corps intermédiaires）这一中介成为统一国家的。这也是欧洲近代国家的特征。

中间团体的基础是一些既存的自发结成的社会关系。中间团体往往具备职业或地缘性质，例如，前文提到的通过卖官制进入体制内的官吏们，他们形成了具备职业性质的中间团体；布料商、肉铺等行会性质的团体，它们以城镇或大区为地缘单位，具备地缘性质[1]。

王权在扩大统治范围的过程中承认了中间团体的自主性并赋予他们一定程度的权利乃至特权。像布列塔尼等三个较晚合并进法国的边境大区，拥有自主决定课税金额以及召开地方三级会议的权利。但作为特权的交换，中间团体需要按照要求为王权服务。例如，神职人员为了保有定期召开全国性教士会议的权利，需要向王室交纳“敬上金”。

近年来，史学界倾向于把得到国王认可并赋予一定权利的团体称为“社团”（corps）[2]。自发结成的社会关系与社团关系的区别在于，自发结成的关系是“流动”的，这种关系会随着社会变化而变化，有成为搅乱社会稳定的可能，而社团关系被王权所认可并拥有一定特权，因此是稳定社会的力量。

1　这里是指在商会会长（prévôt des marchands）管理下的“商人团体”（les corps des marchands），也称“职业团体”（les corps des métiers），职业团体参与治理国家的习俗始于中世纪。从16世纪起至1791年《勒沙普里安法》取缔一切社团，整个旧制度时期有七类商人团体充当“中间团体”，分别是：制呢商、食品杂货商、布料商、皮草商、针织品商、金银器商和酒商。

2　社团与中间团体在定义上并没有明确区别。需要注意的是社团至今仍然存在，如工会等组织就是当代法国比较典型的社团，但含义显然与旧制度语境下的社团有所不同。旧制度时期，社团所涵盖的团体不限于商业团体，孟德斯鸠就认为贵族、教士和地方当局都属于社团。本书在后文提到的“社团”均遵照此处定义，即贵族、高等法院等一切拥有特权的团体都视为社团（中间团体）。

法国大革命前，贵族一直被认为是“特权阶级”统治着无特权的平民，而实际上当时所有的正式居民都被赋予了一定的“特权”，但犹太人、异端和流浪汉是例外，他们被近代欧洲国家的社会认为是“外人”。另外女性的地位也相当微妙，她们不是社会日常生活中明确被划为“外人”的群体，在上至宫廷下至城镇底层都有相当的影响力，但是从国家的角度来看，她们却是没有公民资格的存在。

再论“贵族与布尔乔亚”——卖官制

中世纪末期，随着社会经济发展，布尔乔亚阶层的社会地位有所上升。正如前文卖官制所述，布尔乔亚会拿出部分资产购买官职。对国家而言，官员人数的增加势必带来财政困难，但卖官制不仅没有因此消失，反而得到了全面发展。从 1483 年财务官职的“卖官”开始，可用于买卖的官职最终扩展至行政、司法、军务等大多数领域。

卖官制之所以能迅速发展，是因为买官者为了得到官职不仅要支付直接报酬而且还要附赠谢礼及进行贿赂，因此对王室而言，卖官制既充盈了国库又增加了官员数量，可谓一石二鸟。在卖官制下，用于售卖的官职被称为“官爵”（office），其获得者称“官职保有者”（officer）。对于买官者而言，买官增加了自身的社会价值和信誉，是一项可以同时获得权势和利益的有利投资，所以当时有钱的平民，即工商行业的布尔乔亚们竞相买官。在这种背景下，买官者的数量从 1515 年的五千人增至 1661 年的五万人，之后仍呈现出持续增长的态势。

买官还是平民通向贵族阶层的便宜途径。在当时，买下高等法院法官这类高级官职还能获得贵族头衔。一些幸运的布尔乔亚家庭通过几代人买官、换官最终荣膺这样的职位时，家族就“暴发”成了贵族。相对中世纪以来传统的骑士贵族（即“佩剑贵族”），这些通过买官得到暴发户贵族头衔的人被称为“穿袍贵族”。

旧制度立足于两大等级观念。一重是以家世和血统为基础的传统身份等级，决定其等级体系的根本是军功带来的“荣誉”，中世纪以来的佩剑贵族位于这一等级的顶点；另一重是以才能为基础的身份等级，才能主要体现在为国家服务的能力方面，所以决定这一等级体系的根本是为国家服务的“功绩”。以后者为基础，近代的布尔乔亚阶层一跃成为穿袍贵族。这两个等级内部各有各的社团，但是它们都在社团的组织者——王权手中合二为一，王权是荣誉与功绩二重价值体系的协调者。

卖官制将新兴的布尔乔亚阶层纳入君主制中，将社会变革的因素吸收进统治秩序，使其成为稳定社会秩序的安全阀。在旧制度中，“名誉”比“功绩”更占优势，因此布尔乔亚为了成为穿袍贵族，往往会付出家族数代的经营和努力，这些年月被看作清除掉平民“俗气”的蛰伏期。传统的贵族除了矿山开采和海上贸易等特例外，不能经商，否则会被剥夺贵族头衔。因此贵族身份成为仅靠血统来体现的、非合理的、神秘的概念。通过“制造”穿袍贵族，法国国王将传统贵族和布尔乔亚双方通过贵族血统的优越性整合在一起，成功抑制了他们成为威胁社会稳定因素的可能性。

此外，这些上层阶级还通过君主制下的财政系统与王权相结合。这一财政系统就是“征税合同制”(l’affermage des impôts)，也称“包税制”(l’affermage)，即法国王室委任御用金融家（les fermiers généraux）来征收作为国家重要税源的间接税，这些御用金融家获取包税特许权益的资金则来自贵族、布尔乔亚和神职人员的投资[1]。

1　16世纪，法国外省的普莱沃中出现了将收税权出租给代理人的做法，即“包税”。法国宗教战争结束后，苏利公爵为了解决财政困难，整顿了包税制，法国出现了五大包税商。路易十四统治时期进一步将五大包税商收归国王直接管理，创建了国家包税制度，而成为国家包税人（御用金融家）首先要先向国王缴纳巨额年费以获取合约，成为包税人后则负责替国王去各地征收间接税、关税、印花税和地方特产税等。包税人是利润丰厚的肥缺，这些金融家往往得到贵族、布尔乔亚和神职人员的投资助其成为国王的包税人以便日后牟利。通过包税制，上层的布尔乔亚和金融资本家直接与王权关联在了一起。

君主制的理论

16 世纪以来，法国出现了诸多围绕“国家”概念的理论。这是因为在迈向近代国家的演变之路上，具备中世纪性质的各种社会团体都需要被纳入国家的框架，作为王权就要享有超越这些团体的至高地位，于是关于君主制正统化的各种理论应运而生。

辅佐路易十二的主教克劳德·德·塞塞尔（Claude de Seyssel）在《法国君主制》（*La Grande Monarchie de France*，1519）一书中首次阐述了相关理论。他认为，自古以来国家结构有君主制、贵族制和民主制三种，其中君主制无疑是最优结构。相对贵族制潜在的寡头政治风险以及民主制的政局混乱危险，君主制最具稳定性。但是君主制必须接受三方面的限制并以此作为其统治基础，即为了避免暴政的“宗教”，防止人民权利受到侵害的“正义”和男子继承制。塞塞尔政治理论的关键就在于既承认王权对贵族和臣民的绝对性统治是时代需要，又承认超越王权的宗教和法律的存在。

基于这种意识，在 16 世纪后半期的宗教战争期间，反抗王权宗教压迫的新教徒以弗朗索瓦·奥德曼（François Hotman）的《法兰克—高卢》（*Francogallia*，1573）为理论依据，认为全国三级会议高于王权。之后在亨利三世统治时期，“天主教同盟”在反王权的斗争中也将此作为抵抗王权的理论依据。

让·博丹的《国家论》(*Les Six Livres de la République*, 1576) 也成书于这一时期并成为天主教政治派的理论核心。博丹被认为是 16 世纪最伟大的政治思想家就在于他首先提出了“主权”理论。在中世纪的观念中，国王是位于家臣制金字塔顶端的主君，通过举行祝圣礼具有一定宗教神性。博丹认为，国王是一国主权的唯一代表，主权与国王不可分割，立法权作为主权的本质通过国王完全地体现出来，而全国三级会议并没有主权，只有同意立法的权力，因此征求臣属的意见并不是国王的义务，国王没有必要遵从臣属意见。这意味着国王的权力是“绝对”的，但即使如此，王国的权力也要用在为臣民谋求切身幸福上，这是国王对上帝负有的责任，如此一来，国王就不得不尊重臣民的“生而自由”和“王国基本法”（les lois fondamentales du royaume）。在博丹的理论中，王权虽然绝对，但绝不是完全不受限制的。

王权是“绝对”的但不是“专制”的。这么说很抽象，因为实际上“绝对”与“专制”的区别并不明显。在法国，国王会授予中间团体一定的自由和特权，因此在王权的角度来看，其统治并不“专制”，但贵族阶层普遍受到王权的压制，因此站在贵族一方，王权的统治颇为“专制”，王权与贵族对此问题争论不休。

在法国近代国家理论中，黎塞留和路易十四时期以“国家利益至上”（raison d’État）和“君权神授说”为基石的接近于“专制”的“绝对主义君主制”，和“投石党叛乱”时期以“王国基本法”为基石的“有限君主制”最有影响力和代表性。从欧洲文化圈整体的角度来看，近代法国国家结构以前者为基础，后者则在近代英国得以实现。王权与中间团体时不时处于紧张对峙的局面，而且后者对前者的反抗有合法化的理论传统，这也是欧洲文化圈近代国家的特色。

日本的中间团体

同时代日本的幕藩体制下也存在着基于身份、地域和职能而形成的各种中间团体。但是，幕藩体制下的中间团体与欧洲近代国家的中间团体有着显著不同。

最主要的一点是欧洲的教会、城镇和贵族等大量中间团体超越了君主制国家的范围，在整个欧洲具有普遍性，这是幕藩体制所不具备的特点。在日本，即使作为最重要的中间团体的“诸藩”也不具备超越幕府的普遍性质。而且在王权（或幕府）与中间团体的权利关系上，日本也没有法国全国三级会议这种强调中间团体权利的身份制议会。其他的不同之处还有很多。这样看来，日本虽然是在近代东亚范围内存在中间团体的国家，但“绝对君主制”这一概念应该看作近代欧洲独有的国家形态。

第5讲

启蒙的世纪

《蓬巴杜夫人像》，拉·图尔绘

大事年表

1715 年	奥尔良公爵摄政（—1723 年）
1720 年	约翰·劳失势
1740 年	奥地利王位继承战争
1748 年	《亚琛和约》(奥地利王位继承战争结束)
1749 年	马肖设定“二十分之一税”
1756 年	法奥同盟，“七年战争”
1763 年	《巴黎条约》(“七年战争”结束)
1766 年	洛林并入法国
1768 年	科西嘉并入法国
1770 年	王太子路易与玛丽·安托万内特结婚
1771 年	莫普的司法改革
1772 年	第一次瓜分波兰
1774 年	路易十六即位
1775 年	美国独立战争开始
1776 年	杜尔哥失势；美国独立宣言
1778 年	对英国宣战
1783 年	《美英凡尔赛条约》，承认美国独立；卡洛纳就任财务总监
1787 年	显贵会议召开
1788 年	马勒泽布司法改革和失败；格勒诺布尔“砖瓦之日”；维济耶集会；国王宣布召开全国三级会议

重组的时代

路易十四死后，法国在 18 世纪上半期度过了一段政治局势平稳的时期。但是进入下半期以来，各种反抗王权的运动层出不穷。因为 18 世纪末发生了法国大革命，所以本书把 18 世纪下半期这一时期作为必然导致法国大革命的预备阶段来展开讲解。

18 世纪是欧洲各国全体重组的时代。这一时期国际政治形势风云变幻，大西洋经济带来了各国经济繁荣，英、法两国围绕海外霸权展开了激烈争夺，俄国、普鲁士等新兴国家强势崛起。早在 16 世纪就成形的欧洲国家为了应对这一局面不得不进行重组变革，这促使各国都发生了结构性变化。如果将 16 世纪看作近代世界体制的第一阶段，那么 18 世纪则进入了近代世界的第二阶段。这一时代被称为“启蒙”时代，各国都面临着国家形态与社会结构重组这一共同课题。这一变化的规模和烈度都是未知的，法国大革命就是这个过程中发生的一个例子。

❶ 结构性变化的动向

从巴洛克到洛可可

“太阳王”路易十四的统治表面绚烂，背面却深藏黑暗。特别是其统治后期，整个法国社会政治动荡、经济穷困、思想压抑。造成这一时期如此灰暗的最主要原因是贯穿路易十四整个统治时期的连续不断的战争。路易十四自恃拥有欧洲大陆最强的军事力量，在位期间共发动过四次征服战争（尼德兰王位继承战争 1667—1668 年，荷兰战争 1672—1678 年，普法尔茨王位继承战争 1688—1697 年，西班牙王位继承战争 1701—1714 年），但穷兵黩武并没能实现他合并西班牙并获得西班牙属尼德兰的勃勃野心。18 世纪初，欧洲政治呈现出法国、奥地利和英国三足鼎立之势。英国在 17 世纪就已成为海上强国，与此相对，一直与哈布斯堡家族死斗的法国却没能摆脱海洋国家与大陆国家双重属性，这给国家财政带来极大的负担。

1715 年，76 岁的路易十四驾崩，他年仅 5 岁的曾孙安茹公爵即位成为路易十五（1715—1774 年在位），由路易十四的侄子奥尔良公爵（1674—1723 年）摄政。摄政王掌权后在各个领域都掀起了一股反“太阳王”时代压抑气氛的改良风潮。与伯父性格不同，奥尔良公爵为人放纵，他一反路易十四时期到处树立规则的统治风格，居住在巴黎卢浮宫的他用大都会风格的洗练与轻快来统治上流社会。虽然不久宫廷又搬回到凡尔赛，但是更轻松愉快的洛可可趣味取代了豪华绚烂的巴洛克风格，成为 18 世纪奥尔良公爵摄政时期上流社会的独特风情。

在政治上，摄政时期的变化之一是中央政治的“各部会议制”（la polysynodie）取代了之前国王独断的“最高国务会议”。觊觎王位的奥尔良公爵为了收买贵族，增强了贵族的发言权，然而一旦贵族做出有损王权的行为时，他就又回到路易十四时期高压统治的老路上去了。但是，已经改变了的政治氛围是无法回到原来那样了。

这一时期法国的经济政策是著名的“约翰·劳体制”。关于苏格兰人约翰·劳究竟是才华横溢的理财家还是善于投机的诈骗犯众说纷纭，不过可以肯定的是其凭借独特的金融理论闻名于世。为了解决路易十四连年征战留下的财政困境，奥尔良公爵大胆起用了他。劳首先获得了一系列特权，他于 1716 年在巴黎开设了私立银行并发行纸币，紧接着成立了独占北美洲路易斯安那地区开发权的公司，拥有烟草生产、货币铸造等特许经营权，这些与殖民地开发政策紧密相关的金融政策被称为“约翰·劳体制”。1720 年，劳成为法国财务总监，法国民众听说劳的特权公司的股份股息高达 40% 后一改对他的不信任态度，纷纷跟风入手炒作，500 利弗尔（法国古代货币单位）的股票迅速飙升至 18000 利弗尔一股。但股票泡沫很快就破裂了，法国金融市场陷入混乱，约翰·劳旋即被解职，匆匆逃往布鲁塞尔。

约翰·劳一改保守的科尔柏主义经济政策，这是对路易十四时代的一次反叛，但政策的最终失败导致了法国市民对纸币的极度不信任，保守的财政和经济政策再度复活。同时约翰·劳制造的泡沫经济一时间也刺激了法国经济，这也是 18 世纪 30 年代法国经济发展的原因之一。

劳倒台后不久，随着奥尔良亲王的去世，路易十五开始亲政。路易十五是一位声誉极差的统治者，他成日有气无力、提不起干劲，朝堂内外一切都听信于其宠姬蓬巴杜夫人。但当时法国在国际上仍然保有一定体面，这得益于路易十五一改路易十四时期的外交方针，实现了与英国的友好邦交。因此，法国在弗勒里红衣主教时期，英国在沃波尔任首相时期，是欧洲国际关系比较稳定的时期。

“外交革命”与“七年战争”

从 18 世纪中叶到 19 世纪初的维也纳会议，这一时期欧洲国际关系历经了地壳运动一般的剧烈变动。17 世纪末，长期处于欧洲国际政治外围的俄罗斯经彼得大帝（1682—1725 年在位）的“西洋化”改革后，开始采取攻击性扩张政策。与此同时在德意志地区，腓特烈二世（1740—1786 年在位）为了让普鲁士成为欧洲强国而向奥地利女王玛利亚·特雷西亚（1740—1780 年在位）发起了挑战，揭开了奥地利王位继承战争（1740—1748 年）的序幕。

在这种形势下，奥地利不得不向其多年宿敌法国寻求媾和，双方于 1756 年结成同盟（即“外交革命”），此外奥地利还获得了俄国的支持，英国则站到了普鲁士一方。两边的敌对关系引发了“七年战争”（1756—1763 年）。法国在“七年战争”中损失惨重，除了被迫在海陆两线作战外，法国在海外殖民地的争夺中更是大败于英国。根据 1763 年各方签订的《巴黎条约》，法国将加拿大、密西西比河以东的路易斯安那地区、西印度群岛的一部分割让给英国，密西西比河以西的路易斯安那地区则割让给了西班牙。至此，法国基本上失去了在西印度的全部影响力。

危机意识

“七年战争”后，法国虽然仍是欧洲的文化和艺术中心，但其经济实力和军事实力的衰退非常明显。1770 年，法国王太子（后来的路易十六）与玛利亚·特雷西亚的小女儿玛丽·安托万内特结婚，延续了法国与奥地利的友好关系。但是在 1772 年，奥地利与俄国、普鲁士一起瓜分了波兰，又在巴尔干半岛与俄国结盟打压了土耳其，此后俄国又同瑞典宣战，瑞典战败。

波兰、土耳其跟瑞典都是与法国交好的国家，这样一来法国国际地位的降低变成了有目共睹的事实。虽然法国的危机意识日益增强，但是却因财政困难、军费不足只能袖手旁观。

❷ 改革的尝试

向近代世界第二阶段的转变

除了国家间关系的剧烈变动，欧洲各国的社会环境在18世纪也发生了巨大变化。最具代表性的变化就是出生率升高和死亡率降低带来的人口增长，这在一定程度上反映出欧洲社会生活水平的提高。

1730年前后，在17世纪持续低迷的欧洲经济开始繁荣兴旺，这一变化对欧洲社会各个方面都产生了影响。在欧洲内部，大西洋沿岸地区与地中海沿岸地区经济发展的地域差距逐渐扩大。其中受益最大的是英国，英国最先开始了农业技术的改良和工业的机械化进程，居民生活水平提高、购买力增强，“批量化生产”等新兴经济理念产生，预示了“工业革命”时代的到来。法国工业革命的开展要迟一些，但紧随英国之后，法国在被称为“原始工业化”的农业资本主义的发展中取得了显著成果。这种经济发展与殖民地市场的开拓息息相关，这也正是“七年战争”中英、法两国对殖民地激烈争夺的原因。此外这一时期中欧、东欧国家的崛起也是因为受到了西欧国家发展的刺激。

一言以蔽之，18 世纪后半期欧洲社会环境的变化是大西洋经济发展的结果。进一步讲，本书认为这是欧洲文化圈与世界其他地区之间关系变化的体现，也就是 16 世纪形成的世界体系开始进入第二阶段的表现。

那么，这种变化对法国的政治和社会有怎样的影响呢？这一问题涉及法国大革命的爆发原因，为了使观点更容易理解，在此预先将法国大革命的原因进行简略梳理。得益于大西洋经济的发展，法国布尔乔亚阶层的经济实力有所增强，他们与特权阶层的贵族之间的阶级矛盾日益激化，贵族对布尔乔亚的权利诉求多有抵制，国王也站在贵族一边，革命由此爆发。当代的研究多从社会史的角度审视这一过程，而本书将从阶级矛盾、公共空间和民众文化三方面来分析。

两种等级制度原则

首先从阶级对立的角度进行分析。18 世纪，布尔乔亚阶层通过买官获得贵族头衔实现社会阶层上升的路径仍然畅通，这说明贵族并没有先验地将布尔乔亚视为被排斥的敌对阶级。在旧的等级制度中，平民能顺利地实现社会地位上升，而贵族的生活质量和威信通过特权得到了保障，因此在这两个阶级之间并不会产生矛盾。而且得益于经济发展，富裕的布尔乔亚晋升为贵族的风气在 18 世纪非常流行，经营、投资等经济活动逐渐渗透到传统贵族当中，贵族与布尔乔亚融合日益紧密，这促进了旧的精英制逐渐过渡到新的精英制。这种变化并不会必然导致体制的崩坏，例如，同时代的英国就在保有贵族制的同时缓慢而和平地实现了社会转型。

那么阶级矛盾究竟在哪里产生？或者说，究竟是什么因素动摇了人们对既存的等级观念的信心呢？就贵族而言，寄生在凡尔赛宫的大贵族与从事投资贸易等经济活动的巴黎企业家大贵族们，同被迫在乡下闭门不出过着简朴生活、心怀不满且心气高傲的地方小贵族之间的差距变大了，贵族阶层出现了分裂。就平民而言，虽然成为贵族的通道并没有中断，但是到了 18 世纪后半期，经济繁荣促使布尔乔亚阶层人数激增，传统的社会地位上升阶梯呈现出“上窄下宽”的金字塔结构。金字塔的顶点是新精英阶层，由贵族化的布尔乔亚与通过从事经济活动实现布尔乔亚化的贵族通过联姻和社交活动形成。同时这一时期社会地位上升的速度也变慢了，金字塔的底层逐渐聚集了大量上升受挫的平民，他们构成了金字塔的底层“压力区”，成为危险的“可燃物”。

“公论”的诞生

18 世纪后半期的经济发展还促进了城市化进程，城市的生活方式在法国全境普及开来。根据遗产目录，当时服装的制造数量和质量都有所提升，“崇尚简朴”的经济观念不再占据主流，社会上出现了消费主义苗头。在这种背景下，一方面，饮用殖民地出产的咖啡和红茶的习惯逐渐流行，咖啡馆随之出现；另一方面，印刷术的发展促进了新闻出版业的繁荣。于是咖啡馆成为人们看报纸并讨论时事的场所。

在咖啡馆中结成的社会关系是从国家机构中独立出来的民间社会关系，与在宫廷中结成的公务性社会关系相比具有不同性质。咖啡馆可以视为一种公共空间，本书将人们在这种公共空间内进行的讨论称为“公共意见”，即“公论”。因此如果参与公论的人员是新兴的布尔乔亚阶层的话，那么法国大革命的爆发原因就非常简单了，即布尔乔亚们结成了反社团的民间社会关系，志在建立市民社会。值得注意的是，这种公共空间性质的社会关系非常复杂，从大贵族、金融家和著名文人会聚的上流沙龙，到律师、手工业者和小商店主的小规模读书会，这种社会关系涵盖了社会各阶层，而且每个组织的性质也不相同。

美国历史学家基斯·贝克（Keith Michael Baker）认为在18世纪中叶之前，“意见”（opinion）一词在法国意味着非理性的浮动的噪声，但是到了18世纪中叶，则意味着理性的公正的判断。之后，公共意见（公论）这一用语成了赋予统治者政治主张正统性的根据。公论是被发明出来的概念，当君主制下的政治秩序用语和传统的制度套路都不能再保证王权政治主张的正统性时，公论作为替代品被“发明”出来，成为超越既有权力之上的、具有“理性的审判者”性质的抽象概念。因此，对立的政治阵营都会诉诸公论来强调自己的正统性。换言之，当初在国家干预下组成的社团已经失去了维护旧有等级秩序的功能，在传统政治空间的外围发展起来的新型公共空间取而代之。贝克这一解释是合理的。新的公共空间在上至贵族下至民众的广阔领域中形成，跨度极大而且边界模糊。

民众文化与精英文化

这个时期的特色是“启蒙”（les Lumières，意为“光明”），意思是智者用理性之光来教化蒙昧之徒。蒙昧之徒自然是包括“民众”在内的。民众是与精英相对的笼统概念，在这一时期，民众包括农民、城镇手工业者、小商人、仆人及各种杂役在内的处于社会下层的人们，占全体居民的八九成之多。那么，为什么要将这一时代称为启蒙时代呢？这要从精英与民众的关系说起。

中世纪中期的法国出现了城镇和村落，也出现了民众的生活场所——社区，这些社区构成了“民众的世界”。为了维持城镇和农村的秩序，领主和教会把民众统合起来进行管理，他们想通过推行基督教教义的方式将民众的生活习惯规范化。确立“规范”首先要从取缔“邪教”、消除“迷信”开始，但是因为精英阶层的统治机构数量不足，为了维持社会秩序统治者不得不依赖民众社区的自我管理，因此基督教的普及是在与民众生活习惯相妥协的基础上推进的。此外当时精英阶层带有巫术性质的宗教意识以及与农民一样的行事方式在很大程度上都受到了民众文化的影响，可以说这时的精英与民众关系相对比较和谐。

进入近代，二者关系开始改变。在此以“女巫”这一社会角色为切入点一窥这种变化。16 世纪末至 17 世纪前半叶，“女巫审判”相关案例在各地剧增。女巫原本是指一些擅长法术与咒语的女性，作为居民烦恼的开导者和救死扶伤的医者，她们自古就是农村社会的一员。也就是说，女巫的

“魔法”本来是民众文化的一部分。但在宗教改革后，对民众信仰的管制进一步强化，魔法变成了同恶魔相关的罪恶。这一时期国家对贫民的态度也发生了变化，此前贫民是需要被救济的对象，贫困也不是罪过，但此时贫困被看作懒惰和信仰缺失的罪愆，贫民则被视为危险分子而被国家收监。

总之，这种变化是伴随着近代集权国家和主张净化信仰的宗教改革的出现而出现的，它在精英文化与民众文化之间划开了一道鸿沟。如果从文化角度来看布尔乔亚社会地位的上升的话，那么这种上升是脱离民众文化这一母胎、跻身精英文化之列的过程。在此仅举一例，在 18 世纪，巴黎的布尔乔亚开始将他们之前一直参加的狂欢节这一代表性的民众庆典视作粗野、无序的活动，主动与之拉开了距离。

精英文化的基础是正统的基督教文化与古典文化，18 世纪时，精英文化的内容中还加上了对理性及科学的信赖，至此，精英与民众之间的文化鸿沟彻底形成了。前文提到在 16 世纪和 17 世纪，女巫审判案例剧增，剧增的前提是精英阶层相信魔法的存在，而 18 世纪时女巫审判案例的急剧减少则反映出精英阶层趋于理性主义，不再相信魔法。同时这种变化也体现出精英与民众在文化上的差距，民众被看作危险的、应该被压制的、需要被教化的愚昧的存在。

面对严苛的国际形势，法国的国家凝聚力亟待增强，将民众统合进“主流”精英文化便是重中之重，因此启蒙时代到来了，国家增强了对民众生活的干预，这造成了精英文化与民众文化的紧张的关系，但这种紧张关系真正形成于19世纪。

❸ 走向政治危机

君主制改革的开始

这里回忆一下第 3 讲提到的封建君主制的理想模式：王室仅靠直接领地收入就能生活。正如前文所述，这种中世纪观念显然已经过时，但是在旧制度时期，社会诸多方面仍然有着中世纪的影子，例如，此时的贵族和神职人员仍享有免税特权。这种体制下的国家是无法应对 18 世纪严苛的国际形势的。

国际地位的下降引起了法国的危机意识，国王急于对国家的结构进行改革以适应国际形势。18 世纪中叶法国王室主动开启了财政改革，改革矛头首先对准了拥有特权的免税人群。对神职人员和贵族征税，这意味着法国在国家政治上发生的重大转变。

1749 年，时任财政总监的马肖战战兢兢地将无身份区别的“二十分之一税”作为临时税推行时，高等法院不情愿地通过了这项国王法令。18 世纪 60 年代，财务总监贝尔当为了改变科尔柏重商主义的经济体制采取了一系列自由主义的经济改革措施，包括圈地、分割共有土地、放宽对农村纺织业的限制等，这些措施由在各地建立了农业协会的重农主义开明官僚推动完成，它带来了一系列改变，但最终由于高等法院的抵制没能推行到底。

高等法院出现于中世纪，至 18 世纪末，高等法院在巴黎和法国主要的一二线城市都有设置分支结构，它们是各自辖区内的最高审判机构。高等法院拥有一项重要职能——登记权，即不经高等法院审议并登记，涉及该辖区的王家法令是没有效力的，当高等法院持有异议时，有向国王提交建言书的权利，但是如果国王召开亲临会议并强制登记的话，高等法院就必须服从。路易十四时期在政治上有名无实的高等法院在 18 世纪利用政府财政困难的弱点每每抵制王权并越发大胆。1770 年，巴黎高等法院因为所提建言书不被国王听取而举行了罢工。

罢工很快就被制止。1771 年，大法官莫普以放逐多名高等法院评议官作为罢工的处分，与此同时他坚决地推行了司法改革。屡次抵制王权的高等法院虽然没有被取缔但是进行了改组，司法职位的卖官制被废止，取而代之的是有薪酬且可解职的法官官职。就这样，18 世纪中叶的法国财政改革演变成司法改革，但在 1774 年，随着路易十五去世、路易十六即位（1774—1792 年在位），这些改革都被撤销了。

“开明专制”的挫折

从莫普的司法改革可以看出，这一时期的法国君主制有向“开明专制”倾斜的趋势。在这场开明的改革中，王权对特权贵族进行了先发制人的攻击，高等法院、地方三级会议等社团在抵制国王中央集权的过程中形成了具有与王权相抗衡能力的强大势力。此外正如前文所述，这一时期社会阶层的流动和出版物的普及促使了新公共空间的出现，因此这场君主制开明改革的成败与各方公论的动向息息相关，国王与社团都极力向舆论强调着己方改革的启蒙性：站在国王一方的开明官僚列举出征税不平等和经济管制的弊端，对高等法院等社团发难；而高等法院等势力则以“王国基本法”为依据，列举君主制下国王侵害各方权利的例子，攻击王权“专制”。在这种背景下，不同阵营的人们形成了不同公论，无法达成政治共识，这也是开明专制改革受挫的原因之一。

回到莫普改革上来，虽然改革最终被撤销，但其绝不是全然失败的，法院新法官的任命工作依然在继续并慢慢显现出成果，这动摇了高等法院的地位。但由于改革涉及废除社团免税等特权、动摇了领主制的根基，因此需要政治上强有力的领导，而以莫普为代表的开明官僚们只是政府和宫廷内的少数派，作为关键角色的国王又优柔寡断。此外，考虑到在不推翻旧制度的基础上废除社团特权、强化中央集权很容易走向“专制”，有一些开明官僚提出了要慎重对待改革的看法。莫普改革本来是法国开明专制改革取得成功的最后机会，但最终由于缺乏坚决改革的志同道合者而走向失败。

路易十六即位后，辅佐朝政的莫尔帕伯爵罢免了莫普，起用开明官僚杜尔哥出任财政总监。但是杜尔哥因为强行推进自由主义改革而在宫廷内被孤立，最终也于 1776 年被罢免。此后高等法院对司法改革的抵抗愈演愈烈，社团与政府之间的激烈对立导致了当时法国社会从知识精英到普通大众的普遍“政治化”。

从 1787 年起，高等法院开始要求国王重开自 1614 年以来就停止召开的全国三级会议以商讨臣民纳税事宜。对此，1788 年 5 月，掌玺大臣马勒泽布剥夺了高等法院的登记权、大幅缩小了司法权限，再度强制推行司法改革，随后遭到各地高等法院的强烈抵制，同年 9 月不得不撤回各项改革措施。在极度的政治动荡中，被逼到绝境的政府宣告将于

1789 年 5 月 1 日召开全国三级会议。这成了革命的导火线。

大西洋革命

1960 年前后，美国历史学家帕尔默和法国历史学家古德肖提出了“大西洋革命”(Atlantic Revolution) 的概念，一时成为话题[1]。他们认为在 18 世纪后半期的欧洲，政治危机以相似的模式席卷各国。危机有两种，一种是以“七年战争”造成的财政困难为契机而产生的王权与社团的对立，1770 年前后的法国、瑞典、奥地利和英国都属于这种情况，最后以王权的胜利告终。另一种是特权阶层与布尔乔亚阶层的对立，美国独立战争的成功便是这种民主革命的突破。顺便提一下，法国为美国的革命提供了军事支援，帮助美国获

1 “大西洋革命”与作为其背景的“大西洋史”并不是单纯的区域史概念，它们的出现与《大西洋宪章》和北约的建立密切相关。1946年英国历史学家贝洛特首先在英国历史协会年会上发表了题为“大西洋史”的讲话。1947年古德肖在法国出版了《大西洋史》。在美国，帕尔默是“大西洋史”的推广者。1955年在罗马召开的世界历史科学大会上，古德肖和帕尔默联名发表了题为《18至20世纪大西洋的问题》的论文，创造了“大西洋革命”的概念，但被批评有为北约辩护之嫌。之后，欧美学界对这一概念一直质疑和批判不断，因此“大西洋革命”并不是一个在国际史学界得到普遍认可的用法。日本史学界也不热衷于这一用语，但本书作者柴田三千雄是帕尔默和“大西洋革命”在日本最初的推崇者。值得注意的是，“大西洋史”一词在20世纪70年代之后日益流行，因为在后殖民主义时代这个看似中性的表达方式成功地掩盖了欧洲国家的殖民史。

得独立，报了对英国的一箭之仇，但这场战争极大地加重了法国国内的财政危机。美国革命直接波及了欧洲，到18世纪80年代，英国、荷兰和奥地利属尼德兰都发生了革命，这些革命全部被武力镇压，失败的革命家大多逃亡至法国寻求庇护。

在大西洋革命的命题下，法国大革命被放在欧洲整体框架中进行考量，这一点具有先驱意义，但是它将各地的革命都视作“民主革命”的单一模式也存在理论局限性。那么，法国大革命的独特性是什么呢？

第 6 讲

法国大革命与第一帝国

攻占巴士底狱，1789 年 7 月 14 日

大事年表

1789年	5月全国三级会议召开；7月攻占巴士底狱，发生“大恐慌”；8月颁布《八月法令》《人权宣言》；10月凡尔赛游行（王族、议会转移至巴黎）；11月颁布教士财产国有化相关政策
1790年	7月颁布《教士民事基本法》
1791年	6月王室出逃；7月发生练兵场惨案，雅各宾俱乐部分裂；9月《1791年宪法》出台；10月立法议会组建
1792年	4月对奥地利宣战；8月民众进攻杜伊勒里宫，王权终结；9月瓦尔米之战，战况好转，国民公会组建，发表共和宣言
1793年	1月路易十六被处决；2月对英、荷宣战，第一次反法同盟成立；6月吉伦特派首脑被排挤出国民公会，制定《1793年宪法》；7月无偿废止封建制；10月革命政府宣言，王后玛丽·安托万内特被处决
1794年	3月埃贝尔派、丹东派被处决；7月罗伯斯庇尔派被处决
1795年	8月《共和三年宪法》通过；10月葡月政变，国民公会解散，督政府成立
1796年	3月拿破仑任意大利战场指挥官；5月巴贝夫的“平等运动”
1797年	10月缔结《坎波福尔米奥条约》（对奥战争结束）
1798年	5月拿破仑远征埃及
1799年	11月“雾月政变”；12月颁布《共和八年宪法》，拿破仑出任第一执政

续表

1804年	3月制定《民法典》；5月拿破仑称帝，第一帝国建立
1806年	11月颁布《柏林敕令》，大陆封锁开始
1808年	3月西班牙反法暴动
1812年	6月远征俄国
1814年	4月拿破仑退位
1815年	3月"百日王朝"；6月滑铁卢之战；7月拿破仑被流放到圣赫勒拿岛
1821年	拿破仑在圣赫勒拿岛去世

对法国大革命的解读

日本战后史学界把资产阶级革命划作近代国家的开端，革命的有无以及革命的形式决定了各近代国家的性质，法国大革命是资产阶级对封建贵族最彻底的革命，因此被看作资产阶级革命的典型。

但正如上一讲所述，本书不认为贵族与布尔乔亚之间是先验的、互相排斥的敌对关系，法国大革命也不该看作孤立的事件，它是自 18 世纪后半期起各国向近代世界体制第二阶段转变过程中的一场变革。本书认为这场变革带给世界的冲击并不是其阶级冲突的强度，而是变革的方式，换言之，在于其政治文化的独特性。

1 革命发生的方式

“复合革命论”

首先看一下法国大革命发生的方式。我们从法国大革命史研究者乔治·勒费布尔（George Lefevbre）提出的最具代表性的“复合革命论”入手。根据他的理论，法国大革命并不是某一阶层掀起的单一革命，而是由贵族（贵族与贵族化的布尔乔亚）、布尔乔亚、城镇市民和农民这几个阶层发动的革命共同构成的。在复合的革命运动中，“布尔乔亚革命”取得了最显著的成果，法国大革命因此被认为是“资产阶级革命”。

“复合革命论”中很重要的一点是，法国大革命的猛烈特性不仅要从封建贵族与布尔乔亚的对立这一方面来把握，还应该加上城镇市民和农民等阶层，从这几者的关系中共同把握。另外应该看到，不同阶层主导的革命虽然具有不同特点，但这些革命因为同时发生而产生了关联。换句话说，贵族反抗王权、布尔乔亚反感贵族、城镇市民的粮食暴动、农民的土地骚乱，这些危机单独拎出来都不足以构成决定性的社会危机，但由于它们同时发生并相互结合，共同关联起来就构成了法国大革命。

法国社会各阶层的危机原本贯穿了整个君主制时期、长期存在于社会内部，但如上一讲所述，在向近代世界体制第二阶段的转变过程中，由于国王对贵族的征税、布尔乔亚“压力区”的存在以及精英主义介入民众世界这几重因素，法国各阶层危机的紧张程度明显增加。

勒费布尔把贵族、布尔乔亚和民众（城镇市民和农民）三个社会阶层看作革命发生的动态因素，贵族致使君主制统治走向解体，布尔乔亚构成改革主体，民众叛乱增加了革命动荡。上一讲提到的高等法院对王权的激烈反抗，可以称为“贵族革命”，这场革命打乱了王权与特权贵族之间的平衡，意味着君主制统治开始走向解体。但真正串联起各阶层革命的是布尔乔亚掀起的运动，作为第二重动态因素，布尔乔亚改变了其他参与主体的角色，它使法国政治危机所隐含的各重矛盾彰显于世，因此布尔乔亚被称为“改革主体”[1]。

改革主体的出现

改革主体的出现，是因为法国社会内部存在着某种“社会母体”，这是改革主体诞生的土壤。在特殊情况的刺激下，社会母体可以迅速孕育出改革主体。对法国大革命来说，在1788年夏天国王决定召开全国三级会议的那一刻，刺激便形成了。

所谓社会母体，就是当时法国各地出现的沙龙和其他社交圈。在社会母体中，人们通过小册子等宣传途径时刻关注着政府与高等法院之间的斗争，整个社会的政治意识逐渐提高。1788年夏天，高等法院指出即将召开的全国三级会议应该按照投石党之乱发生前的身份等级制度组织召开。在高等法院这种“老套保守”的态度刺激下，改革主体在社会母体中诞生。

在当时，改革主体被称为“爱国者派”（Les Patriotes），但它只是基于城市政治和文化圈子的地方性运动主体。爱国者派首先在法国东南部工业城市格勒诺布尔掀起了运动，

---

1 “改革主体”是作者柴田三千雄提出的学术观点，日文为“变革主体”。

从 1789 年全国三级会议代表的选举开始，这类运动逐渐波及了整个法国。在爱国者派运动的影响下，巴黎出现了“三十人委员会”，其中颇具影响力的代表人物正是西耶斯，他出版了《第三等级是什么？》（*What is the Third Estate?*，1789）。

爱国者派与王权并没有直接的经济利害关系，他们的社会属性大概可以定义为“边缘精英”，人员组成包括平民上层的布尔乔亚和少数自由主义贵族的知识分子，这些人当中有不少都参与过王室的司法改革和地方议会，具有丰富的司法和行政经验。例如格勒诺布尔运动的指导者穆尼埃和巴纳夫，这两人都是出身商人家庭的律师，属于被传统贵族所蔑视的买官者。而“三十人委员会”则以自由主义贵族为主导，成员们围绕在穿袍贵族阿德里安·杜波特身边开展沙龙活动，重要成员拉法耶特侯爵虽然是大贵族，但是他被宫廷疏远，怀才不遇。

王权与高等法院的对抗是造成此时法国政治动荡的原因，王权一方以“平等征税”的名义否定社团特权，贵族一方则以“政治自由”的名义否定王权专制，这两方的改革道路显然无法共存。面对这种局面，作为第三等级的上层，爱国者派的首要任务便是确定政治纲领，他们怀揣着与过去一刀两断的决心，要求全国三级会议转变为立宪制的国民代表机构。他们认为民间的“公共空间”具有同特权社团一样的正统性，这一理论作为改革根基具有划时代的意义，它标志着改革主体的形成，并且“国民”概念也由此诞生。

1789 年 5 月 5 日，全国三级会议在凡尔赛宫召开。会议伊始，各等级代表就在议题的审议方式上产生了争执，还没进行政府财政方案的审议时间就过去了。在僵持不下的最后时刻，第三等级代表的强硬态度起了作用，7 月 9 日，全国三级会议变身为制宪议会。面对这种威胁，国王在巴黎周边集结了 2 万人的军队意图通过施压解散议会。7 月 14 日，著名的攻占巴士底狱事件爆发，全法国都沸腾了，民众纷纷加入这场革命中，构成了革命的第三重动态因素。

民众叛乱

18 世纪，法国民众与精英之间的鸿沟日益扩大，民众骚乱在各地层出不穷。骚乱的形式有很多，包括拒绝交租交税运动、劳动纠纷引发的民众抗议等，但最多的还是粮食暴动。1788 年，法国气候不调导致面包价格高涨，各地遂发生粮食暴动。

比起生理上的饥饿感，民众揭竿而起的更大缘由是出于自身权利被侵犯的怒气。在粮食短缺的饥饿年代，无良商人和领主却在背地里囤积、隐匿粮食，这些恶行无疑侵害了民众公平分得粮食的权利。在民众看来，当局有保障民众合法权利的义务，因此粮食暴动并不能算是破坏社会秩序的“暴动”，而是“警示”当局并代替当局“履行职责”的正当行为。这种观念被称为“道德经济”，这是近代法国民众文化的重要组成部分，遵守经济规则的古老精英阶层也持同样观点，这与当时一部分精英间流行的新的市场经济理论有本质不同。

粮食暴动在全国三级会议选举期间愈演愈烈。当时第三等级代表中有富裕市民和地主出身的议员，他们一方面担心民众暴动会损害他们的财产所有权；另一方面也担心民众暴动会加速政局动荡。因此以 1789 年春天为节点，改革主体与民众分道扬镳了。

攻占巴士底狱

1789 年 7 月，法国国内局势骤变。7 月 12 日早上，改革派财政总监内克尔被罢免的消息从凡尔赛传到了巴黎，支持第三等级代表活动的巴黎市民唯恐王室采取进一步军事行动而积极筹集粮食和武器，整个城市变得一团糟。担任第三等级议员的富裕市民们为了抵抗军队和维护城中秩序，在市政厅设立了“常设委员会”，并在巴黎各地区组织起民兵（后来成为“国民卫队”）。这样，在富裕市民意图维持秩序而民众并不听从其指挥的错综复杂的情况下，攻占巴士底狱事件发生了。

巴士底狱是位于巴黎东部的中世纪要塞。7 月 14 日早上，民众赶到巴士底狱要求卫兵交出武器。常设委员会出面调停，但是亢奋的民众冲进巴士底狱中庭占领了要塞并掀起枪战，杀害了被带往市政厅的巴士底狱指挥官。

攻占巴士底狱本身是一次偶然事件，但是它迫使路易十六撤回了军队并恢复了内克尔的职位。巴黎发生的事件传播到周围，地方城市也学巴黎的样子，由选出的市民代表掌握了市政，组织起民兵，发动了“市政革命”。

“大恐慌”与《八月法令》

不仅是城市，此时农村的情况也很混乱。一段时间以来，诸如“坏心眼的贵族雇流浪汉来袭击村庄”等毫无事实根据的谣言在农村广为流传，农民人心惶惶。巴士底狱被攻占后，消息迅速在农村传播开来，农民们担心贵族会报复，于是戒备心进一步增强，到 7 月末，全法国的农村基本上都被枪和镰刀武装了起来。农民们绷紧了神经，“强盗”来袭的虚假情报却没有停止，在这种紧张的氛围下，农民毁坏领主或地主的房屋、烧毁地契乃至杀人等恶性事件频发。

对大部分身份是领主或地主的制宪议会革命派议员来说，这场农民骚乱是必须要采取遏止措施的严重事态，但是他们如果依赖政府军队的话，等于站在国王一边、与农民为敌。因此在 1789 年 8 月 4 日至 5 日的夜里，支持革命的自由主义贵族议员们召开临时会议，由于没有反对派参加，他们一举做出了废除领主权、教会的什一税和卖官制的决定，这一系列决议被称为《八月法令》。

《八月法令》借农村骚乱的契机在一片混乱中铲除了旧制度的根基，而且没有诉诸武力就使农民的情绪稳定下来，可谓一石二鸟，相当成功。但就在第二天决议法令化的过程中，保守派卷土重来，最终议会决定土地贡租的废止方式由无偿废止变为有偿废止。此前因为无偿废止贡租而沉静下来的农民非常失望，骚乱再起。但是以决议为突破口，此时农村“大恐慌”的危机已被有效控制住。

“三极构造”

以上就是法国大革命的大致发生过程。在革命中，特权阶层对王权的抵抗、布尔乔亚社会地位的上升和民众叛乱，这三重动态因素既是 18 世纪后期经历大西洋革命的西欧各国或多或少所共有的现象，同时又在法国表现出独特性。

典型绝对君主制的政治体制让这三重因素在法国形成了具有强烈张力的“三极构造”。贵族对王室的顽强抵抗使政府陷入职能瘫痪，法国政治面临走向死胡同的危险。面对这种局面，先锋的改革主体——赤手空拳的议员出现了，他们迅速组织起民兵（国民卫队）并介入民众运动。然而比起维护改革主体的“别动队”，民众更像是威胁改革主体维持秩序的存在。在高涨的民众运动推动下，改革主体掌握了中央与地方的制度性权力，但对于民众运动他们始终缺乏控制能力。另外，反对王室的旧体制统治阶层成员[1]在局势出乎意料急剧发展之时，开始与国外势力勾结成为反革命派。以上便是 1789 年末法国的局势。

1 指反对路易十六的波旁王室的其他成员，以王弟阿图瓦伯爵、普罗旺斯伯爵和孔德亲王为首。

❷ 什么是雅各宾主义？

革命剧烈的原因

法国大革命在1789年至1799年的十年内戏剧性开展，并在1794年夏天高涨至顶点，随后呈现出一路下降的趋势，而法国国内政局的动荡一直持续到1799年末的政变才结束。

为什么革命烈度如此之大？在此要从改革主体的角度进行分析。虽然改革主体在革命中发挥了巨大作用，但其基础十分薄弱，并不能承担改革的重任。1789年的革命形势之所以出乎意料地迅速发展，本质上是爱国者派急匆匆纸上谈兵的结果。1790年事态稍稍平静后，一方面反革命派在国内外卷土重来；另一方面自发的民众运动开始有组织地展开，随着各方势力的恢复，改革主体虽然在议会占多数席位，但其并没有形成一股稳定的力量。

具体从阶级矛盾激化角度来看，面对严峻的形势，与第三等级捆绑在一起的改革主体内部分裂成上层布尔乔亚、中层布尔乔亚和小布尔乔亚。再从政治文化角度来看，法国大革命以自由主义为指导原则，这一点在1791年君主立宪制的宪法中有所体现，但改革主体分裂后，一部分革命家们被卢梭主义中的激进面所蒙蔽，加剧了革命的烈度，最终导致革命走向混乱局面。

法国大革命的发展可以划分为1791年体制、革命独裁·雅各宾主义和督政府三个阶段。

1791年体制

立宪派自1789年秋开始着手进行国体改革，在《人权宣言》中提出了法律面前人人平等（否定了社团的理论）、人民主权（与专制相对的自由）等近代国家的理论。但是在巴纳夫等早期雅各宾俱乐部的温和自由派成员制定的《1791年宪法》中，规定选举权是仅限于有产者的有限选举制，并承认国王对议会的决议有临时否决权，议会是妥协于王权的存在。这期间，通过选举重新组织起来的地方行政机构中，在地方有影响力的人们登上了历史舞台，他们基本上都是律师、公证人、旧官职保有者、文人等，革命前属于共济会或是文化界人士，革命后加入了各政治俱乐部。

1791 年宪法体制由自由主义贵族主导和推进，是因为他们拥有旧制度下最丰富的社会资源，相比之下第三等级的政治化则迟了一步。民众对自由派主导的诸多改革都表示不满，全国的骚乱仍在继续。而且因为有限选举制的缘故，中央和地方选举的投票率都极低，市民主导的公共空间并不能正常发挥作用。

如果予以时间，这种自由主义路线或许会成功，但当时法国财政问题迫在眉睫，教会、修道院土地财产国有化以及《教士民事基本法》等措施的匆忙出台反而强化了旧势力。而且，在宪法制定前的 1791 年 6 月 20 日深夜还发生了王室逃跑的突发事件，国王一家从杜伊勒里宫出逃后向东边的国境驶去，在万森的村子被农民截下押回巴黎。这一突发事件将君主立宪派置于不利境地。7 月 17 日，共和派在马尔斯校场举行请愿大会时突发暴乱，雅各宾俱乐部就此分裂，占俱乐部成员多数的温和派组成了斐扬俱乐部。同年 10 月 1 日，在为颁布新宪法举行的立法议会上，因为没有反革命派的参加，议会现场形成了斐扬派作为右翼、雅各宾派作为左翼的局面。

为了根除国内外反革命势力的根源，1792 年 4 月 20 日，雅各宾派内部的吉伦特派宣布对奥地利宣战。但是与预想情况不同，战争陷入持久战的泥沼，奥地利和普鲁士军队突破法国国境直逼巴黎。军事危机当前，8 月 10 日，巴黎市民和地方义勇军发生武装暴动，攻打因曾经通敌而失去民众信任的杜伊勒里宫。国王的权力被终止，为制定新宪法而选举出的“国民公会”成为权力行使机构。

吉伦特派对外宣战的行为实则是一种冒险主义路线，他们想利用民众的排外心理来根除反革命势力，但最终以失败告终。正是从这时起，法国大革命中最具特色的雅各宾主义出现了。

革命独裁·雅各宾主义

通过普选选出的国民公会中，从雅各宾俱乐部分离出来的旧雅各宾右派（吉伦特派）成为右翼，剩下的雅各宾派成为左翼，左翼当中议席位置较高的一群人被称为“山岳派”，山岳派主张通过与民众运动合作来守护革命成果。随着局势发展，与山岳派意见一致的议员数量逐渐增多。1793 年 6 月 2 日，在因战况恶化导致革命危机加重之时，山岳派联合外部的巴黎民众将吉伦特派的首脑从国民公会中排挤了出去。

之后，国民公会通过了共和主义的《1793 年宪法》。但到了 10 月，国民公会宣布在实现和平之前停止宪法的施行，并将全部权力转移至“革命政府”集中行使。“公共安全委员会”是革命政府的执行机构，随着其权限的不断增大，“恐怖统治”体制形成了。恐怖统治也称“雅各宾主义”，其统治理念体现在体制内的核心人物罗伯斯庇尔身上。

罗伯斯庇尔将自由主义路线发扬光大。在他看来，民众仍然是有待被启蒙的群体，因此在内忧外患、亟待保卫革命成果的紧急情况下，必须将街头自发的、无秩序的民众运动纳入“市民的公共空间”，即要将民众置于理性的改革主体的控制之下。为此，一方面政府需要给贫民分配一定财物，使之“市民化”；另一方面则需要限制民众财产的过度集中，与此同时还需要全面革新风俗，重视民众的启蒙，创造“新人类”。如此一来，民众的社会生活全部被政治化，“恐怖统治”形成了。

革命政府不仅致力于与反革命势力进行毫不宽容的斗争，还对自发的民众运动进行控制，推行了设置革命审判所、颁布最高限价令、把土地分给贫农等措施。因为拥有严格的组织纪律并满足了人民的生活需求，革命政府在某种程度上配得上革命指导者的权威。

罗伯斯庇尔的专政无疑是革命独裁，但并不能称为强有力的铁腕革命独裁体制。本来在山岳派中，为了全体共和主义者的团结，就有重视与吉伦特派残党和中间派议员相妥协的右派（即丹东派）以及重视与民众运动相结合的左派（颇有影响力的是埃贝尔派），罗伯斯庇尔派仅是少数，而且山岳派议员们很多都是机会主义者。但即使包括这些机会主义者在内，山岳派在国民公会中也占不到半数席位，国民公会的大部分议员都是对民众运动心怀警惕、保持沉默、等待时机到来的中间消极派。

1794 年春，罗伯斯庇尔肃清了丹东派的首脑和埃贝尔派等左右势力。同年 7 月 27 日（共和二年热月九日），在罗伯斯庇尔企图再次操控议会之际，倾向于解散革命政府的右派联合厌恶罗伯斯庇尔的左派，将众叛亲离、深陷孤立的罗伯斯庇尔逮捕，这一事件被称为“热月政变”。此时的巴黎民众也因为罗伯斯庇尔的系列政策并没有真正改变法国国内外困境而对他抱有反感。

督政府

罗伯斯庇尔派倒台之后，革命政府也走向解散。革命政府存续的前提是山岳派在外部民众运动的支持下继续掌控议会。但是这时的山岳派已经分裂，国民公会内部已没有他们的立足之地，外面的民众运动又回到了无组织的乌合之众状态。革命的三极构造实质上已经解体。1795 年秋天，保守的共和派将权力转移至集体执政的督政府，回归到自由主义路线上。

与革命前相比，此时参与“市民公共空间”的基础人群进一步扩大了。废除领主制和出售国有土地的政策虽然对富人有利，但是也增加了持有财产的农民的数量，战争还催生了制造商、承包商等一批新贵。而介于布尔乔亚与平民百姓之间的小商人和手工业者，也通过积累地方行政经验形成了“小名流”（le petit notable）这一广泛的社会阶层。与此同时社会阶层的转换也从出身和家世向个人才能转变。

但这些社会阶层还没有发展到威胁督政府政权的地步。督政府在选举之际就左右摇摆不定，其内部相当不稳定，在它的治理下法国的治安和行政一片混乱，公务人员的工资经常迟发或者不发，人们对督政府的信任大大降低，地方行政官员的招聘变得非常困难。

战争还在继续，革命还处在危机之中。旨在重建革命独裁的巴贝夫等人领导的运动动摇了督政府的统治，但此时改革主体与民众运动的结合已经是不可能了。在这种背景下，一部分热月党人为了稳定政局，转向依靠作为单独势力迅速发展起来的军方，在 1799 年 11 月 9 日发动了“雾月政变”。

❸ 拿破仑帝国

“革命之子”

“雾月政变”之后，执政府成立，三名执政取代了之前的五名督政官，并恢复了普选、维持了共和政体，不过此时议员仅能够从“名流名单”上的人选出，并且立法机构的权限也非常有限。这种权威主义实现了执政之一的西耶斯的构想，他是这场政变的中心人物，信奉“权力来自上层，信赖来自下层”。

作为统揽绝大部分权力的第一执政，西耶斯本想单纯利用拿破仑·波拿巴（1769—1821 年）作为政变的工具，但没想到政变后波拿巴也成了执政。“雾月政变”后法国局势的走向很大程度上都要归因于波拿巴的个性，他是个罕见的军事和政治人才，同时也是个非比寻常的野心家。

波拿巴出生于热那亚统治下的科西嘉，是家中的次子，后来凭奖学金进入法国军校，属于典型的边缘精英。波拿巴在革命之初怀才不遇，直到国民公会末期，在“雾月政变”镇压巴黎王党叛乱一战中才逐渐显示出才能。之后，他作为意大利战场的司令官战绩显赫，并通过远征埃及成为军队中的重要角色。这样看来，波拿巴确实是“革命之子”。

第一帝国

通过与罗马教皇缔结宗教和约和制定《民法典》，波拿巴维持了革命后法国社会的稳定，他还与奥地利和英国缔结了和约，实现了国内外全面和平。在这些成果之上，波拿巴于 1802 年成为终身执政。1804 年 5 月，以“王党有死灰复燃的危险”为理由，拿破仑[1]经元老院决议和人民投票成为世袭皇帝，法兰西第一帝国由此诞生。

拿破仑帝国严格控制着言论和出版自由，设立了“荣誉军团勋章”（Légion d’honneur），分封了一批新贵族并重建了宫廷。这一新的社会体系的运转规则是“为国家服务”，也就是说，拿破仑帝国是全体国民服从于皇帝一人意志的专

1　按习惯，国王和皇帝称名字，没继位时称姓氏。

制国家，但皇帝的正统性不再依靠血统而是来自人民投票，这一点体现了革命精神。

除了一部分自由派，社会各阶层都很欢迎皇帝的独裁。通过废除领主制和将收归国有的土地（主要是教士和逃亡贵族的土地）向民间出售等政策，中小农民们在革命中获得了利益，他们为了寻求能保护自身利益的统治者而在政治上趋向保守化；城市的劳动者虽然被禁止罢工，并且还被《劳动手册》规定的义务限制着自由，但是此前一直困扰他们的粮食问题终于得到了改善，他们的日常生活不再受到威胁；布尔乔亚在革命期间获得了教士或逃亡贵族的土地，他们也希望社会安定，并努力在废除了身份等级的军队和官僚体系中找到提升社会地位的机会。为了抵制英国工商业，拿破仑还制定了大陆封锁的政策，虽然这对本国工商业起到了一定保护作用，但也对法国工商业的海外市场扩张产生了限制。

这一时期，拿破仑在扩张战争中取得的一系列军事胜利令法国民粹主义高涨，似乎所有事情只需要利用皇帝的权威来动员国民的自发性就能达到目的，但帝国的机器还是逐渐走向了失控。

崩溃

自1792年议会对奥地利宣战以来，法国对外战争的性质是保卫革命还是输出革命一直不甚明确。督政府时期，军队控制了政府，此时的对外战争带有征服性质，“解放”成为法国谋求国家利益的手段。

自波旁王朝末期以来，法国最基本的敌人一直都是英国，但是在1805年的特拉法加尔海战中法国遭到致命打击，遂断了攻打英国本土的念头，转而专心进行征服欧洲大陆的战争。1810年至1811年，随着征服战争的进行，拿破仑帝国达到顶峰。

但从1808年西班牙反抗法国入侵的起义开始，法国就已经陷入了军事上的不顺，而1812年远征俄国的战役更令法国元气大伤。从俄国撤退时，70万人的法军折损40万人，其中10万人被俘。借此机会，普鲁士、奥地利和俄国联合掀起了反拿破仑战争。1814年，拿破仑退位，后被流放至地中海上的厄尔巴岛。

在巴黎，路易十六的弟弟路易十八逃亡归来复辟了波旁王朝。拿破仑于1815年逃出厄尔巴岛，在南法登陆，一路攻到巴黎恢复了帝政，但同年6月在滑铁卢战役中败给反法同盟，“百日王朝”终结。失意的拿破仑被流放到大西洋的圣赫勒拿岛，化为传说中的人物。

第一帝国可以视为法国大革命的终曲。拿破仑成功的最大原因在于法国社会期待强有力政府的需求与拿破仑本人的独裁个性和雄心壮志相契合。在拿破仑统治下，不断动荡变化的社会找到了恢复安定的办法，而且市民平等和人民主权等革命原则被延续了下来，例如“人民投票”便是民主的一种形态。但同时，第一帝国又以军事防卫和行政效率优先为无上命令，这造成了它是官僚主义形式的国家，这种政体的弱点在于国家的稳定过度依赖军事胜利，而第一帝国最终崩溃，正是因为承担严苛征兵义务的农民和负担军费重税的布尔乔亚日益明显的不满。

“布尔乔亚革命”和“市民革命”

这里简单比较一下法国大革命和日本明治时期的社会变革（从明治维新到国会设立）。日本从战前就接受欧美学界当时的主流解释，即“法国大革命等同于资产阶级革命”这一论断。但现在的史学界并不认为法国大革命是布尔乔亚作为经济概念上的阶级以建立资本主义为主要目的的革命，因为产业资本家并不是改革主体的主力。

本书不仅将布尔乔亚看作经济上的概念，而且还从社会性概念和政治性概念的角度出发来看待布尔乔亚。本书将布尔乔亚看作普通民众上升形成的新兴中产阶级，这一社会阶层包含了商人、企业家、官僚、律师和记者等，他们是一群借着国家和地区机构集权化的机会实现社会地位上升的边缘精英。这样看来，法国大革命可以说是“布尔乔亚革命”，布尔乔亚是改革主体的主力，他们改革的目的是消除“边缘”的身份以及社团和行业法规上对这种身份的各种限制。

明治变革与法国大革命可以作为比较史的研究对象，二者都发生在国家向资本主义世界体系第二阶段过渡的时期，都是以变更政体为目的的政治革命，变革的模式都是三极构造，变革方式都是通过消除社团特权来增强国家的凝聚力。二者的不同在于决定变革的政治文化差异。法国大革命的改革主体是以“自由”“平等”理念为基础的自由民主主义形态登场的，并在严峻的形势中派生出了雅各宾主义和波拿巴主义。而日本明治时期的变革比较容易就排除了抵抗势力，因此对民众参与的依赖程度较弱。对比法国大革命中，从与旧制度决裂的强烈意愿和对“普遍主义”（universalism）的信仰中产生的政治文化，明治变革体现的与过去决裂的意愿和对民众的依赖要弱得多，这便是二者最大的不同。

第 7 讲

革命和名流的时代

在色当被俘的拿破仑三世和已投降的巴黎“国防政府”的特罗胥将军

大事年表

1814 年	波旁王朝复辟；颁布《宪章》；维也纳会议（—1815 年）
1824 年	路易十八去世；夏尔十世即位
1825 年	颁布《十亿法郎法》
1830 年	占领阿尔及利亚；“七月革命”，七月王朝建立（—1848 年）
1840 年	基佐掌权；拿破仑遗骸运回巴黎
1848 年	“二月革命”；第二共和国建立；“六月事件”，路易·波拿巴退出总统选举
1851 年	路易·波拿巴政变，获得人民投票支持
1852 年	复辟帝政的公投，拿破仑三世即皇帝位，第二帝国成立
1853 年	奥斯曼男爵着手改造巴黎
1854 年	介入克里米亚战争（—1856 年）
1859 年	意大利统一战争（—1860 年）
1860 年	缔结《英法通商条约》
1862 年	入侵墨西哥（—1867 年）；合并印度支那
1864 年	承认工人集会权；第一国际巴黎支部建立
1867 年	从墨西哥撤兵
1870 年	修宪；对普鲁士宣战；色当投降；第二帝国瓦解

作为统合力的“政治文化”

拿破仑帝国没落后，19 世纪的法国政体变化多端。从大革命开始，法国在 85 年间经历了 11 种政体，包括复辟王朝（1814—1830 年）、七月王朝（1830—1848 年）、第二共和国（1848—1852 年）、第二帝国（1852—1870 年）、短暂的自治政府巴黎公社（1871 年）以及第三共和国（1875—1940 年）。

对这种转变的解释，除了可以站在马克思主义的角度外，还有些学者从工业化进程带来的阶级对立的角度来诠释。贵族与布尔乔亚之间、布尔乔亚与工人之间的阶级斗争在历史舞台上呈现出从“右”向“左”的转变，在法国这一变化颇具代表性。的确，工业化在阶级间制造了新的鸿沟，衍生出新的阶级对立关系。但是在第二帝国时期，已经过了繁盛期的布尔乔亚阶层与处在上升期的工人阶层之间形成了一种均衡状态，这一时期也是法国的布尔乔亚阶层趋于成熟的时期。而且巴黎公社的劳动者成员也不是近代意义上的无产阶级，他们仍是传统的职业劳动者，与小布尔乔亚之间的界限并不明显。不管怎样，这样一个风云变化的时期最后走向了由布尔乔亚统治的第三共和国，并存续了“创纪录”持久的时间。因此，这一时期法国政治局势的不稳定并不是阶级对立造成的国家路线的左右摇摆带来的，而应该从别的角度来理解，本书将从法国历史的核心角色——布尔乔亚阶层的发展来看。

如果将视野扩大至整个后拿破仑时期的欧洲，这一时期为了修复被法国大革命和拿破仑帝国搅乱的国际秩序，欧洲形成了“维也纳体制”。欧洲文化圈从 18 世纪后半期进入了政治转变期，考虑到法国革命的经验教训，加之英国率先开始了工业革命，这一时期的欧洲面临着深刻的政治变革与工业革命的双重考验。如何平稳地实现这一转变是各国共同面临的现实问题。法国政局格外不稳，实现这一转变的过程比其他国家都要困难。

法国的转变期有两个显著特点。第一，法国在这一时期再次经历了从君主制到共和制再到帝制的变化，就像重放法国大革命的录像一样，三极构造和自由平等的问题再次出现在这一过程中；第二，法国大革命的经验被具体化成各种政治文化，多样的政治文化为了能够成为统治性政治文化而相互竞争。值得注意的是，以圣西门、托克维尔、蒲鲁东以及流亡的马克思等为代表人物的各种政治文化都将法国大革命作为了“参照物”。

不同于政治思想或者意识形态，本书所说的“政治文化”仅指言论、符号、礼仪等表征，个人或者团体的政治行为仅由这些表征决定。在一个社会内部，政治文化是多种多样的，由组织或者团体作为实施主体。政治文化的特性在于它们相互影响、相互妥协，并且不断变化。以日本明治维新的政治文化为例，明治维新并不意味着一种单一的政治文化，而意味着其中占压倒性多数的文化。

本讲所涉及的时段中，法国大革命的经验通过正统主义、自由主义、民主共和主义、人民公投型民主和无政府主义等各种政治文化而具体化，各种政治文化为了成为统治理论而相互竞争。

❶ “宪章”体制

波旁王朝复辟

1814 年 5 月，自 1791 年起就流亡在外的路易十六的弟弟普罗旺斯伯爵从英国回到巴黎，即位为路易十八（1814—1824 年在位）。随后流亡贵族纷纷回到法国，贵族们的复仇之心熊熊燃烧，掀起了白色恐怖。此时的法国民众虽然抛弃了拿破仑，但并没有抛弃法国大革命确立起来的各种进步精神。

就 1814 年的欧洲形势而言，法国周围的国家也不希望看到反动君主制的复活。维也纳会议召开的目的就是防止革命再次爆发，英、俄、奥、普、法五列强通过协商确保了欧洲的和平。这样一来，作为避免发生革命的安全阀，法国获得了一定程度的自由。

在这种情况下，路易十八上台了。根据1814年6月4日颁布的《宪章》，波旁王朝复辟政权是走“中间道路”的正统主义。虽然1814年《宪章》有否定人民主权、将天主教国教化等反动的一面，但另一方面它也确认了法律面前人人平等、私有财产不可侵犯、言论和出版的自由等革命中确立起的原则。复辟政权实行两院制，贵族院由国王任命的世袭议员组成，众议院由限制选举制选出的议员组成。但是立法权和大臣的任命权均由国王独占。简单来说，复辟政权采取的是旧制度与1791年体制折中的形式。但是25年流血斗争产生的敌对关系很难妥协，极端保王党极其憎恶革命，而自由派坚守着包括《宪章》在内的立宪主义。路易十八在这种局面下勉强维持着中间道路的统治。

路易十八死后，极端保王党的首领——王弟阿图瓦伯爵即位为夏尔十世（1824—1830年在位），彻底开启了反动统治。他颁布了面向流亡贵族的《十亿法郎法》，补偿革命期间土地被没收和出售的流亡贵族，还恢复了兰斯大教堂的各种圣礼。1830年，饱受压制的自由派赢得了众议院的选举，夏尔十世于7月25日进一步颁布了一系列反动王令，包括限制新闻出版、解散议会、剥夺工商业者的选举权等，这成为“七月革命”的导火线。

“七月革命”

“七月革命”的过程很简单，在巴黎通过“光荣的三日”就完成了。1830 年 7 月 26 日，自由派的阿道夫·梯也尔（1797—1877 年）在其创办的《国民报》上发表了针对反动王令的檄文。以此为序幕，翌日，学生、工人及其他市民在巴黎市内筑起了街垒。是夜，巴黎进入起义状态，民众武装与军队发生交火，但士兵都很同情民众的立场。至 29 日早晨，议会所在的波旁宫也被起义一方占领了。整个革命期间，起义一方死 800 余人，伤 4000 余人。

街头起义者们的诉求是建立以 1789 年革命的英雄拉法耶特侯爵为总统的共和国，但自由派议员在静待时局沉静之后接受了梯也尔的提议，拥立奥尔良公爵路易·菲利普（1830—1848 年在位）为国王。奥尔良家族是法国王室的头号家族，但由于法国大革命期间，当家的奥尔良公爵路易·菲利普·约瑟夫就其堂兄弟——路易十六的死刑投了赞成票，他的儿子路易·菲利普遂遭到波旁王室厌弃，还被排挤出公职。

“七月革命”后，议会立即修宪。1830 年 8 月 9 日，路易·菲利普宣誓效忠修订过的宪法，七月王朝建立。

“名流政治”

七月王朝是自由派占统治地位的国家，然而仅存在了18年。为什么在复辟的波旁王朝正统主义倒台后，自由主义也没能形成稳定的政体呢?

这一时期法国的政治结构是“名流政治”。“名流”是指一个地区的精英，他们得以发挥影响力不是因为像旧制度时期的贵族那样依靠血统和地位，也不是因为像19世纪末期的权贵那样依靠政党或是团体的组织力量。此时的名流除了在财力、教养和生活方式等方面积累的威信以外，还作为议员直接或通过人脉间接地参与到中央政治中。他们能在选举中当选，不是因为代表着某一特定社会阶层的利益，而是因为他们是通过掌控着本地的价值观而拥有“沉默的共识”的“大人物”。名流的职业有地主、企业家、官吏和自由职业者等，涉及广泛的社会阶层，在同一个名流身上可能集中着经济、政治、社会等各方面的权力。

名流政治在法国仅是一个过渡阶段，其出现是多方条件促成的。它出现在一个消除了特权阶层的、法律面前人人平等的社会；工业化进程加强了法国国内各地区的联系；地方上还有社团的残余，社团成员的声望跟影响力依然存在，他们是名流的重要组成部分；个人性质的社会关系此时依然起着很强的作用。以上条件是名流政治滋生的土壤，但这一体制在法国并不稳固。

同时代的英国也产生了典型的名流政治，与法国相比，英国这一体制比较稳定的原因有以下几点：第一，英国名流的主要构成是乡绅和贵族，他们与资产阶级的社会融合比较顺利；第二，英国围绕有限选举制进行了议会改革，因此英国政治中没有极端的寡头；第三，英国资产阶级与工人阶级的融合比较成功。一言以蔽之，英国是自由主义的国家，有着成熟的“市民社会”，其中央权力较弱，国家依靠地方权力支撑运转，而七月王朝则缺乏英国的这些条件。

七月王朝的弱点

七月王朝存在诸多弱点。

第一，贵族与布尔乔亚之间存在着很深的鸿沟。流亡回国的贵族很多都是大地主，波旁王朝复辟时期，他们做着“我们世界的春天已来临”的美梦，过激的正统主义在法国四处蔓延。“七月革命”后，虽然贵族大都退出了政界归隐于各自领地的城堡，但他们并不认可路易·菲利普这位依靠梯也尔扶植上台的国王（梯也尔是布尔乔亚阶层的代表），认为他的即位不是基于血统正统性而仅是三色旗革命赋予的运气。归隐的贵族们仍保持着对附近农村社会的影响力，是地方政治中不可小觑的势力。

第二，布尔乔亚内部也发生了分裂。七月王朝统治下的法国社会，民众能够通过参加官僚考试、入伍参战和从事经济艺术活动充分发挥自身才能，个人的立世扬名之路较为容易。从这一点上看，法国是欧洲最“布尔乔亚化”的社会。但即使如此，这个社会的顶端仍是罗斯柴尔德家族（Rothschilds Family）这种通过国债、保险等金融业务与政府产生密切关系，被称为“高级银行”(La Haute Banque)的大布尔乔亚阶层。中小布尔乔亚对这种寡头政治持反感态度。布尔乔亚阶层的分裂还体现在对选举制度的态度上。七月王朝通过修宪降低了选举资格的纳税额门槛和投票的年龄要求，比复辟王朝多了几分民主性。但是比起当时每 30 人就有 1 人具备选民资格的英国，法国每 150 人才有 1 人具备选民资格，而且有钱的大布尔乔亚根本不受影响。在这种背景下，布尔乔亚内部对“七月革命”的态度出现了分歧：大布尔乔亚认为“七月革命”抵抗了夏尔十世的反动政变而极力拥护；中小布尔乔亚中的共和主义者则认为三色旗的胜利被少数政治家窃夺了，共和主义派的学生和民众还时不时以示威和暴动威胁政府，并与其他工人暴动结合起来掀起了抗议运动。

此外，七月王朝的工人力量较弱，布尔乔亚对工人的统合力不强。在城市化进程缓慢的法国，农村人口向城市的流动在 19 世纪前半期并不明显，城市的工业部门几乎还由传统手工业者维持。法国 19 世纪 30 年代风起云涌的罢工正是这些传统的熟练工人发起的。他们的组织是建立在传统行会形式上、个人自愿加入的“协会”（l’association）形式，更强调工人运动的自主性，罢工的领导人往往是受共和主义影响的、通过自学获得知识的印刷工人和建筑工人等工匠。

贵族与布尔乔亚之间存在很深的隔阂，布尔乔亚内部自相反目，市民社会也称不上成熟，七月王朝的名流体制并不稳定。名流凭借自身力量无法令民众形成共识，他们不得不将与自由主义理念相悖的强有力的国家权威作为后盾。

基佐

七月王朝成立的过程体现了革命和王权的结合，这一点与 1791 年的君主制很像。奥尔良派吸取了法国大革命的经验，将街头的民众运动视为危险，认为自由与民主（平等）这两个革命的原则不能并立，在二者中选择了自由，这使得七月王朝带有自由主义的性质。

在支持七月王朝的多数派中，记者出身的、对舆论非常敏感且保守的梯也尔和受到大布尔乔亚支持的弗朗索瓦·基佐（1787—1874年）格外有影响力。梯也尔最初很受国王信任，他以国内舆论为靠山推行强硬的“东方政策”，在地中海制海权的问题上与英国起了冲突。结果，害怕被国际社会孤立的路易·菲利普最终罢免了梯也尔，转向了基佐。

基佐一面致力于恢复与英国的关系，一面推行字面意义上的“中庸政策”。对担心英国霸占国内市场的中小布尔乔亚来说，基佐就像英国的奴才。面对中小布尔乔亚要求扩大选举权的呼声，基佐倒是坚决不肯让步。他的政治理念很有名：“先成为有钱人，然后您就可以参加选举了。”

基佐冷血的自由主义思想来源于他的政治哲学。他曾说，“我既不信君权神授也不信人民主权”“我信奉理性、正义和法的精神”。在他看来，理性深藏于社会最深处，而选举就是让有能力的人把理性提取出来的操作。因此投票不是一种权利而是一种机能，这种能力存在于有产者尤其是地主身上，因为他们的财产保证了他们具有这种能力资质。

这种政治哲学是当时欧洲各国普遍实行的有限选举制的理论基础。本来面向所有通过勤劳和节约积累起财富的人开放选举资格并不违背自由主义的信念，但基佐所考虑的“中产阶级”范围极其狭隘，这种自由主义的寡头性也成为七月王朝致命的弱点。

❷ “二月革命”与第二共和国

1848 年

七月王朝被 1848 年的“二月革命”推翻。经过这场革命，第一，维也纳体系崩溃了，各民族国家进入激烈竞争的动荡时期；第二，布尔乔亚要求改革的诉求仍然存在，但是通过革命实现改革的可能性消失了；第三，19 世纪前半叶的政治思潮以自由主义为主，但民主开始占有同等重要的分量。

“二月革命”

与法国大革命相似，“二月革命”也呈现出三极结构：反革命势力、改革主体和民众呈现出鼎足之势，改革主体和民众之间产生了联合。整体来看，一方面，1846 年以来粮食歉收和工业不振造成法国失业人数增加，城市骚乱不断发生；另一方面，仿照英国议会改革的模式，奥尔良政权中的左派和共和派以扩大选举权为目的发动了“改革宴会”，运动首先在巴黎兴起，随后扩展至全国。

针对这一形势，1848 年 2 月 22 日，基佐政府发出了禁止在巴黎举行大规模宴会集会的法令，巴黎民众当天就走上街头进行抗议。23 日，国民卫队（民兵）站到叛乱一方。24 日，民众占领了市政厅和王宫，路易·菲利普退位，流亡至英国。25 日，下议院会场聚集了大批议员，场面极其混乱，在武装民众的压力下，议会决定组建共和派提议的临时政府，成立共和国（史称法兰西第二共和国）。与“七月革命”一样，“二月革命”也是一场三天之内就收场的政变。

临时政府是匆忙组建的，右翼是自由主义共和派，左翼是社会主义者，共和主义左派的拉马丁和勒德律－罗兰充当了两派的调停人。临时政府在确保男子普选权，言论、集会、出版自由等权利之外，还为工人开设了失业救济公共机构——国家工场，实现了改革主体和民众运动的要求。在这种急速发展的形势下，4 月，临时政府发起了制宪会议的选举。

制宪会议选举结果与预想一致，稳健共和派获得了半数以上席位，左派则遭遇了连保王党都不如的惨败，这种局面是一直关注巴黎过激事态的地方势力有意为之的结果。以上是这一时期法国政局变化的第一阶段。

三极构造的解体

政局变化的第二阶段以路易·布兰和阿贝尔两个社会主义者被排挤出政府、国家工场被关闭为开端。为抗议工场被关闭，巴黎民众举行了起义。1848 年 6 月 23 日至 26 日，抗议运动被彻底镇压，民众死伤者众多。共和派政府与社会主义派别和民众运动分道扬镳已成为不可避免的事实。

11 月 4 日，《第二共和国宪法》颁布。宪法规定经男子普选选出的一院制议会拥有立法权，总统拥有行政权。在 12 月 10 日的总统选举中，路易·拿破仑·波拿巴（1852—1870 年在位）出乎意料地以四分之三的选票数当选为总统。

路易·拿破仑·波拿巴是拿破仑一世的兄长荷兰王路易的第三个儿子，长期以来，他因为流亡、造反和坐牢的经历被认为是放浪形骸的冒险家。当选后，他极力推广“拿破仑式理念”，即将法国大革命发扬光大的人民主权与权威领导者带来的秩序相结合能够结束法国社会的混乱并带给人民荣耀。他通过报纸、宣传画、歌曲等大众媒体大肆宣扬和渗透这一理念。1840 年底，拿破仑一世的遗骸从圣赫勒拿岛运回巴黎，路易·拿破仑·波拿巴充分利用了这一事件，创造出“拿破仑传说”，将他叔父塑造成了革命的守护者和命运多舛的英雄。

路易·拿破仑·波拿巴“暴发户式”的成功得益于占人口大多数的农民的支持，希望突破农业不景气困境的农民将他看成是大革命时期“农业的守护者”拿破仑一世的化身。此外对布尔乔亚共和派失望透顶的工人阶层也希望他能保护劳动者。路易·拿破仑·波拿巴的上台还唤起了作为共和派基础的中小布尔乔亚对拿破仑一世对抗英国、保护法国工商业的回忆。

新总统上台后，任命了一个拥护君主制的“秩序派”内阁，法国政局开始从反社会主义向反共和主义转变。在1849年5月的议会选举中，稳健共和派败北，秩序派议员成为多数，共和派左派与民主派共同组成了少数派的“新山岳派”，秩序派与山岳派呈现对峙之势。6月13日，捍卫共和宪法的山岳派因反对政府出兵罗马走上街头抗议，随即遭到镇压，领导人流亡国外。如此一来，法国成了“没有共和派的共和国”，三极构造自然也不复存在。

秩序派与路易·拿破仑·波拿巴

政治局势自此进入第三阶段。秩序派是以奥尔良派为中心的名流群体，他们把路易·拿破仑·波拿巴当作傀儡，一旦恢复了“秩序”，路易·拿破仑·波拿巴就没用了。然而路易·拿破仑·波拿巴却是个有梦想的野心家，在没有了共和派的法国政坛里，议会和总统之间的较量开始了。议会推出了一系列反动政策，包括限制出版、集会自由，强化天主教会在教育方面的监督权等，并准备于1850年5月恢复有限选举制。对此，路易·拿破仑·波拿巴在各地游说演讲煽动民众对议会产生不满，与此同时他还掌控了军队。1851年12月2日，路易·拿破仑·波拿巴发动政变解散了议会。

针对这次政变，各地的零星抗议活动没有持续多久就消停了。山岳派议员遭到流亡和驱逐，共和派的维克多·雨果也因抵制政变而自我流放。虽然当时很多知识分子没有参加抗议，但他们并不认可这个政权。

通过人民公投，路易·拿破仑·波拿巴将政变结果合法化。隔年，他制定了扩大总统权限和恢复普选的新宪法。在1852年2月至3月间的议会选举中，得到政府认可的议员几乎占了全席。在后续就“恢复帝制”举行的公投中，赞成票占了压倒性多数。1852年12月2日，路易·拿破仑·波拿巴称帝，成为拿破仑三世，法兰西第二共和国更迭为法兰西第二帝国。

❸ 第二帝国

自由与民主

当时，大家对路易·拿破仑·波拿巴多有鄙夷，“二月革命”最终致使拿破仑三世称帝的结果实在出乎大多数人的意料。共和派认为造成这种结果的原因有很多：路易·拿破仑·波拿巴窃取了“二月革命”成果；旧派名流利用路易·拿破仑·波拿巴作为反对政府的工具；“无知大众”则被其支离破碎的“拿破仑式理念”所欺骗。但是，第二帝国并非一场“闹剧”那么简单，它值得作为一种政治文化来考量。

这里的问题在于近代国家中自由与民主的关系。七月王朝时期，君主立宪派的自由派认为自由与民主两大原则在根本上不能并存，因而固执地坚持有限选举，这具有寡头性质。所以“二月革命”时，共和派就以“男子普选权”为通用的政治标语，想把民主作为政治问题来解决。

但民主是不能“被解决”的问题。路易·拿破仑·波拿巴以恢复普选作为反对保守议会的“大义名分”发动了政变，从这一层面来看他是民主的；而且在第二帝国的政治体制中，立法院通过男子普选选出，皇帝由人民投票决定、仅对人民负责，这些举措也体现出忠诚于人民主权的原则。但另一方面，立法院的权限是受限制的，立法院的议员都是从皇帝亲信推荐的候选人中选出的，基本上不可能有政府的反对派；并且内阁也是由皇帝任命的，只对皇帝负责。总而言之，第二帝国的民主是与独裁主义结合在一起的“民主”，这是一种侵害了自由的专制。此外，这一时期保王党和共和派的旧有名流们也没有退出政坛，他们害怕社会革命而投向帝国一派成了国家骨干。

尖锐地指出这一矛盾的是曾任共和政府外交部部长的自由派成员托克维尔（1805—1859 年）。他反对路易·拿破仑·波拿巴的政变，指出民主已经威胁到自由。与基佐不同，托克维尔冷静地认识到民主已是不可避免的历史趋势，是近代国家必须要思考的问题。

从历史角度看，法国最早在 1848 年就实现了普选制，之后的法国政权也都沿袭了这一制度。当民主政治在整个欧洲范围内出现之后，不愿面对这一形势的名流贵族纷纷以第二帝国为紧急避难所，第二帝国成为名流政治的变体。名流政治家们失去了群众基础，想靠皇帝的权威维持影响力，而没有能力推翻名流政治的民众也期待通过皇帝权力除去名流政治。拿破仑的统治建立在这样一种矛盾且不稳定的支持的基础上，它能否存续在很大程度上取决于经济发展和国际关系。

经济繁荣与改造巴黎

19 世纪后半叶，停滞不前的欧洲经济迎来了迅速发展。法国的工业化进程比起英国起步较晚且进展缓慢，但在第二帝国时期取得了突飞猛进的进步。在经济发展方面，第二帝国受到了自由主义经济思想及复辟时期先驱思想家圣西门（1760—1825 年）工业主义理论的影响。

圣西门认为社会问题的解决不应该靠“人统治人”的政治变革，而应该通过建立“物与物之间的关系”来重组社会关系。拿破仑三世深受圣西门的影响，起用了银行家佩莱尔兄弟和米歇尔·舍瓦利埃等圣西门主义者担任技术官僚，指导国家工业化的开展。

他们开设了动产银行（Crédit Mobilier）和兴业银行

（Société Générale）等大型投资银行取代旧名流的高级银行，大举投资铁路修建、城市改造等大型公共事业。法国铁路网在随后的20年里扩大了约五倍，与此相关联的冶铁业、煤炭业和机械工业也迅速发展。铁路网的建成还促进了全国市场的形成，引发了农业革命。

这一时期一项有名的公共事业就是巴黎的改造。1853年，塞纳省省长奥斯曼男爵得到皇帝信任，他不顾舆论反对，以近乎病态的热情大刀阔斧地改造了巴黎。老房子被无情地拆除，取而代之的是笔直的大道、高耸的住宅和精致的公园，巴黎东西郊的万森和布洛涅都被整建成了漂亮的绿地森林。

改造巴黎出于多种目的。皇帝希望建起与帝国首都相称的气派大都市，改善城市的卫生条件防止霍乱等疫病蔓延、整顿道路交通、增加就业岗位解决失业问题。除此之外，改进治安环境也是一个重要目的。新街道的建立清除了作为城市骚乱温床的民众聚集地区，有利于快速建立起路障。这一目标确实取得了成效，改造后的巴黎几乎没有再出现街头巷战类型的城市骚乱。但同时，巴黎中央地区的房租开始上涨，劳动者因无力负担被迫迁往郊外居住。围绕巴黎一圈的郊区日后成为左翼势力选举基础的“红色地带”，就是因为这个缘故。

现在我们看到的巴黎大部分都是奥斯曼改造后的成果，从 1889 年埃菲尔铁塔建造开始，到塞纳河两岸现代化的机动车道和西部地区的开发，巴黎的改造一直在继续，也一直存在着赞成与反对的激烈争论。

国际关系与帝国的瓦解

维也纳体制解体后，欧洲进入了以军事对抗为主的民粹主义性质的战争时期。对法国而言，国际威望对帝制的维持有至关重要的作用。拿破仑三世利用法国民众对拿破仑一世伟业的怀念，积极寻求法国在国际政治中的核心地位，他主动开展外交，在北非和东亚的殖民政策上取得了一定成功。

但是在欧洲范围内，拿破仑三世的外交政策却缺乏连贯性。虽然介入克里米亚战争（1854—1856 年）取得了成功，但在意大利统一战争（1859—1860 年）中，法国的半途而废不仅引起了意大利人的不满，在国内也招致了共和派和天主教会的反对。英国对法国的意大利政策感到不安。为了安抚英国，法国于 1860 年突然与英国缔结了通商条约，这一举措让拿破仑三世失去了反自由贸易的法国工商界支持，导致拿破仑三世的支持基础发生了变化。之后，他又因图谋扶植在美洲的势力出兵墨西哥（1862—1867 年），结果遭到惨败，政府威信由此不复。

面对这样的情境，拿破仑三世在1860年调整了对策。对策之一是强化了对议会的限制，伴随着这一改变，具有务实精神的新一代共和派复活了；另一对策是转变了对劳动者的态度，允许工人之间进行组织和结社，这一举措实质上是为了防止共和派与工人的联合而采取的怀柔政策。但拿破仑三世没有预料到的是，受蒲鲁东主义影响的法国工人与英国工人联合起来成立了具有强烈反政府色彩的国际工人协会（即第一国际）。

这些变化标志着第二帝国从“权威帝制”向“自由帝制”的转变。拿破仑三世于1870年1月修订了宪法，帝国开始向议会政治倾斜。在5月的公投中，拿破仑三世得到了人民的信任，他之前的对策调整终于奏效了。但就在这时，在为了统一德国而坐等与法国开战的普鲁士宰相俾斯麦的挑拨下，法国于1870年7月19日对普鲁士宣战。据说拿破仑三世本人自知军力不强而态度慎重，但是梦想恢复权威统治的皇后欧仁妮及其近侧十分好战。

面对普鲁士军队的凶猛入侵，拿破仑三世拖着病体御驾亲征，结果在色当战败。9月2日，十万法军投降，拿破仑三世被俘。9月4日，收到战败消息的愤怒的巴黎市民聚集在议会，宣布建立共和国、推翻了第二帝国。

第8讲

共和主义下的国民整合

共和国的象征——玛丽亚娜的寓意画，安托万-让·格罗绘。玛丽亚娜右手的弗里吉亚帽象征着自由，左手拿着水平仪象征平等

大事年表

1870年	普法战争（—1871年）；共和国宣言；“国防政府”成立
1871年	1月与德国签订停战条约；2月国民议会选举。3月巴黎民众起义，巴黎公社宣言；5月巴黎公社失败
1873年	总统梯也尔辞职，麦克马洪继任
1875年	瓦隆宪法修正案颁布；承认共和政体；《1875年宪法》颁布
1877年	麦克马洪解散议会；共和派在选举中获胜
1879年	麦克马洪辞职
1881年	颁布关于出版、集会、教育等相关法令（—1882年）
1884年	中法战争（—1885年）
1886年	“布朗热事件”
1889年	巴黎世界博览会
1894年	俄法同盟；德雷福斯被定罪
1895年	法国总工会成立
1899年	德雷福斯被特赦
1901年	结社法颁布；激进党成立
1904年	英法协约
1905年	统一的社会党成立；《政教分离法》颁布
1914年	6月28日萨拉热窝事件；8月1日德国向俄国宣战，法国动员令；3日德国对法国宣战，入侵比利时，法国对德国宣战；4日英国对德国宣战

美好年代

法国从 19 世纪向 20 世纪过渡的时期，特别是 19 世纪 90 年代到 1914 年之前的这段时期，被称为“美好年代”（la Belle Époque），这是人们在经历第一次世界大战后，面对满目疮痍生出的对战前时代的怀念。那时人们生活富足、社会安定、文化丰富多彩，确实是个幸福的时代。

虽然现实中并没有无条件的幸福时代，但可以肯定的是这一时期有某些因素令人产生了这种印象。这一时期的欧洲确立了民族国家体系，大多数国家都扩张了海外殖民地。在全球范围内，欧洲达到了经济、军事和文化发展的顶峰，进入了“帝国主义”阶段。

法国虽然伴随着普法战争中不光彩的败北进入这一时期，但第三共和国作为一种政体却存续了 65 年，成为法国大革命以来持续时间最长的政体。在此不禁要问，为何在混乱中建立的第三共和国却成功地统合了全体国民呢？

❶ 第三共和国的成立

巴黎公社

第二帝国的突然崩塌并没有直接导致第三共和国的诞生。在权力空白时期，共和派组织了临时的“国防政府”执政，确保了对普鲁士战争的延续性。1870 年 9 月，普鲁士军队围攻巴黎，稳健共和派占多数的政府于 1871 年 1 月 28 日与德国[1]签订了休战协议。同年 2 月，国民议会举行了选举，希望和平的地方保守派取得了压倒性胜利。在波尔多召开的国民议会中，老练的政治家梯也尔当选为行政长官。他一上台就签署了一份屈辱的条约草案，内容包括巨额赔偿金以及将阿尔萨斯—洛林割让给德国。3 月，这份草案获得议

1 1871年1月18日，威廉一世在凡尔赛宫镜厅加冕为德意志帝国皇帝。

会批准。

巴黎公社就是在这种情况下出现的。巴黎民众在德军的围困下组织了民兵，他们秉持着即使没有粮食吃老鼠也要誓死抵抗到底的精神，拒绝接受屈辱的和平。民兵一直没有卸下武装，3 月 18 日，法军发起突袭想撤去民兵的大炮，但受到民众的抵抗而失败。面对这种局面，政府和军队放弃了巴黎逃至凡尔赛。巴黎民众选出了自治机构，也就是“公社”，约半数的巴黎选民都参与了投票。巴黎公社于 3 月 28 日发表了宣言正式成立，之后一直存续到 5 月 21 日，经过一周的悲壮巷战后被消灭殆尽。在“流血周”中，被残杀的市民有说 15000 人的，也有说 25000 人的；逃过残杀的约有 45000 人，他们在随后的 4 年时间里被军事法庭审判，有万余人被判有罪，23 人被判死刑，5000 余人被判强制劳动和流放。

巴黎公社被认为是人类历史的上第一次“社会主义革命”，但它并不像“十月革命”那样是由具有统治力的社会主义政治组织领导的革命。虽然它的领导机构由 64 名被称为“社会主义者”的社员组成，但这些社员是由雅各宾派、布朗基派和第一国际派等各派成员组合而成，半数以上的成员是记者、医生和律师等小布尔乔亚知识分子。关于社会主义的观点，公社内部也呈现出雅各宾系的政治主导主义和蒲鲁东系的劳动者自治主义的对立局面。

简单来说，巴黎公社是法国权力空白时期爆发的民众自发运动。早期社员中的工人很少，社员大多是在郊区集中居住的独立手工业老板和职工。虽然他们在城市改造等社会现代化进程中被遗忘了，但是不管付出多大牺牲，他们依然决心与德军抗争、捍卫自己的生活。屈辱的和平对他们来说是政治家的背叛，巴黎公社就是民众对这种背叛的抵抗。

巴黎公社的成型得益于第二帝国末期涌现出的知识分子活动家们，这意味着巴黎公社是法国大革命以来传统的城市民众叛乱与近代工人运动的交点。公社的纲领包括制定公务人员的选举和解聘办法、废除政治警察和常备军、实现工人在工厂的自主管理等。纲领集中体现了沉浸在获得解放胜利中的民众的愿望，但美好的愿望最终因为来不及实现变成了乌托邦。这种绝对自由主义的政治文化在约一个世纪后的“五月风暴”中再度苏醒。

共和派的胜利

普法战争后，法国政治因严苛地打压左翼而出现压倒性右倾的局面，但整个国家却回到共和政体上，这又是为什么呢？

《1875 年宪法》的制定使保王党内部发生了分裂。镇压了巴黎公社后，议会不满梯也尔犹豫不决的态度，于 1873 年罢免了他，后选出保王党派的麦克马洪（1873—1879 年在任）为总统，意图恢复君主制。但是主张恢复正统君主制的波旁家的香波伯爵与坚持君主立宪制的奥尔良家的巴黎伯爵不能达成一致意见。结果，反弹的共和派采取了在法案表决中与奥尔良派步调一致的巧妙策略。1875 年 1 月 30 日，在瓦隆宪法修正案的表决会议上，共和派以 353 票对 352 票的一票优势获胜。这部修正案使用了“共和国总统”的称呼。同年 2 月和 7 月，议会又相继通过了几部关于公职权力的法案，这些法案共同组成了奠定第三共和国基础的《1875 年宪法》。

但这并不意味着共和派完全的胜利。这部宪法规定下议院由男子普选选出，与上议院一起有法案的提案权，但是由两院选出的、任期为 7 年的总统有解散两院议会的权限。因此保王党将这个体制看作是为了恢复君主制的预备体制。

1877 年 5 月 16 日，麦克马洪罢免了稳健共和派于勒·西蒙领导的内阁，并解散了持反对意见的下议院，这成为第三共和国面临的第一个危机。但议会选举的结果却是共和派维持了过半议席。1879 年，麦克马洪辞职，稳健共和派的大人物于勒·格雷维（1879—1887 年在任）取而代之。

格雷维秉持议会至上的原则，确立了下议院的多数派拥有政治决定权、总统仅作为名誉性存在的原则。

“机会主义者”的共和国

渡过“5 月 16 日危机”的共和派的内部有两股势力。一股是被称为“政府共和派”的稳健共和派，他们与议会内部的其他派别，尤其是奥尔良派相妥协，力图通过逐个解决具体问题稳健地推行各项政策；另一股是以克里孟梭（1841—1929 年）为首的激进派，他们坚决主张废除上议院、分权给地方、累进征税、政教分离等共和主义理念，被稳健共和派戏称为“机会主义者”。

19 世纪 80 年代至 90 年代，共和派在议会内占主流。以于勒·费里（1832—1893 年）为代表的“机会主义者”成功推行了出版、集会和结社自由，离婚合法化，免费初等教育、义务教育以及教育世俗化等政策。此前天主教会一直掌管教育领域，通过教育来传播习俗和价值观念。而在这一时期，国家从教会手中夺回了教育的管理权，市民能够习得现代化生活的各种知识和技能，增大了改善社会地位的可能性。同时推广世俗教育的目的也在于塑造一批爱国的“国民”。在小学教室里，十字架被摘了下来；在广场上，共和国的拟人化象征“玛丽亚娜”（Marianne）的塑像被立起。这一时期，《马赛曲》自第一帝国之后再度成为国歌，攻占巴士底狱的“7月14日”被定为国庆日。

面对共和派的这些政策，保王党和教会是不会欣然接受的。但是在19世纪90年代，罗马教皇的态度有所缓和并开始与共和派接近，可以说“机会主义者”的共和国实现了稳定并取得了实际成果，但这种状态并不能持续长久。

“布朗热事件”与“德雷福斯事件”

这一时期的法国出现了两大政治危机。

第一桩危机是“布朗热事件”。布朗热将军（1833—1891年）在1886年成为法国陆军部长，他是军队高官中罕见的平民出身的共和派军人。因同情工人罢工的言论和对德国的强硬态度，布朗热将军在民众中颇受欢迎。政府视其为威胁，隔年将其罢免。布朗热纠合保王党派、波拿巴派和激进派等反政府势力，作为总统候选人打着“修改宪法”的政治标语在候补选举中当选，这与路易·拿破仑·波拿巴上台时的情况极为相似。

但1889年1月，就在政变的气势日渐高涨之时，布朗热在情妇波讷曼夫人的影响下放弃了政变的念头。布朗热失去了拥戴，担心被逮捕的他逃亡至布鲁塞尔。两年后，布朗热追随病逝的爱人，在墓前举枪自尽。

“布朗热事件”最终不了了之了，这次事件暴露了“机会主义者”所代表的共和主义的脆弱性。“布朗热事件”后，“机会主义者”与旧奥尔良派相互勾结，开启了右派政治的统治时代，第二桩危机“德雷福斯事件”即将出现。

危机源于法国陆军内部的间谍事件。1894 年，犹太裔上尉德雷福斯被控向德国传递军事机密而被判有罪，发配至法属圭亚那服刑。军方内部虽然对这一判决持有疑问，但政府上层唯恐有损军方威信压下了这个案子。1898 年 1 月 13 日，作家埃米尔·左拉在激进派报纸《曙光》上发表了公开信——《我控诉》，批评政府和军方的做法。德雷福斯的案子突然成了“事件”。

随着新证据的出现，德雷福斯蒙冤成为清楚明白的事实，但政府和军方仍然拒绝重审德雷福斯一案。最终在 1899 年，以“机会主义者”和社会主义者等左翼联合为基础的瓦尔德克－卢梭内阁重开军法法庭再审德雷福斯一案，但军法法庭仅同意对德雷福斯减刑，并没有取消其有罪的判决。同年 9 月，在总理的谋划下，总统出面赦免了德雷福斯。直到 1906 年，上诉法庭才废除了军法法庭对德雷福斯的有罪判决。

围绕德雷福斯的案件，法国政坛分成两派：一派是高唱民粹主义、军国主义和反犹主义的右翼“反德雷福斯派”；一派是强调和平主义、反军国主义和尊重人权的左翼“德雷福斯派”。但是这一事件并没有简单地以德雷福斯派的胜利为结局，而是成了第三共和国乃至现代法国社会和政治的重要转折点。

“德雷福斯事件”取得胜利后，作为共和主义主力的机会主义者彻底转向激进，为了团结已经出现离心倾向的其他共和主义派别[1]，他们在1901年成立了“共和、激进和激进社会主义党”（PRV，以下简称“激进社会党”）。这是法国最早的近代政党，之后作为中央左派政党成为第三帝国政坛最重要的存在。

通过“德雷福斯事件”，激进社会党意识到天主教会是共和主义最大的威胁。在左派支持下，激进社会党继续与天主教斗争。1904年，激进社会党在教育领域进一步排除了教会影响；1905年，制定了国家和宗教完全分离的《政教分离法》。这些措施并不是彻底否认宗教，而是将国家运行和市民生活等公共领域置于法律框架下，使其不受教会的监督和干预。同时法国也断绝了与梵蒂冈的外交关系，直到1924年才恢复。

1　关于共和派政治路线的演变以及共和派内部势力的消长，下文从“共和主义”一节起有详细叙述。

❷ 激进主义的时代

共和主义下的国民整合

以“德雷福斯事件”为转折点，共和派实现了国民整合，这在世界史上意义深远。19 世纪后半期的欧洲建立了以民族国家为主体的国际体系，完成了向资本主义世界体系第二阶段的过渡。各国建立起工业社会，也形成了不同的国家性格，例如英国维多利亚时代的自由主义和普鲁士俾斯麦时代的铁血主义，法国就是共和主义。

这些国家性格本质上是占统治地位的政治文化的体现。法国大革命生出了诸多政治文化，19 世纪时这些政治文化相互竞争造成了政治不稳定，最终共和主义的政治文化确立了统治地位，实现了法国国民的融合，确立了民族国家。那么，为何是这一时期实现了这样的局面呢？进一步讲，极具特征的共和主义的政治文化到底是什么呢？

工业社会的建立——新中间阶层

随着工业化进程，法国社会阶层出现了变化。经历了1873年之后的不景气阶段，欧洲经济在19世纪90年代中叶至1929年大萧条之前迎来了一段长久的繁荣。原因就在于欧洲先进国家陆续实现了工业化，美国和日本等非欧洲国家的参与扩大了全球经济规模。

法国在第二帝国时期积极推进工业化进程，进入了工业社会时代。以巴黎的乐蓬马歇百货公司（Le Bon Marché）为首，百货公司开始在法国普及。新型百货公司以固定价格为特点，提高了整个社会的消费水平。1889年，埃菲尔铁塔在巴黎世界博览会举办期间揭幕，成为法国工业时代到来的象征。

社会工业化的结果就是出现了阶级分解论，认为中间阶层（介于特权阶层与贫困阶层的中间群体）将分化为资产阶级和无产阶级而不复存在。这种理论在一方面是实情，因为19世纪出现了各种社会主义思潮，但实际上，中间阶层并没有简单地被消灭，相反还有增加的趋势。

作为中间阶层代表的法国农民，从长期来看的确逐渐脱离了农业成为城市劳动力，但是短期内农民因为受惠于保护关税的政策并不会放弃农业生产，他们仍是这一时期维持社会稳定的重要因素，1911 年，法国农业人口仍占总人口的 56%。城市手工业者也被技术革命威胁到生存而成为工厂工人，但是工业化也使得一部分熟练手工业者能够作为独立的熟练工存续。工业化还带来了第三产业的发达，多样化的职业壮大了“新中间阶层”：新中间阶层上层的经理人、高级管理人员和自由职业者加入了精英阶层，成为最为享受“美好年代”的社会群体；他们下面是各种各样的中下层新中间阶层，这部分人收入虽低但却属于非体力劳动者（白领），在生活方式及思想层面都与旧中间阶层有所不同。

总而言之，工业化具有两面性，一方面造成了旧中间阶层的减少；另一方面也创造出了新中间阶层。工业化的最终结果是产生了各种各样的、非均匀分布的新旧中间阶层，他们在同大企业的竞争中处于弱势地位，作为应对，他们面临两个选项：或者通过革命实现一个社会主义社会；或者通过个人努力实现社会地位的上升。就前者而言，这一时期的社会主义组织还很薄弱，实践起来风险较大；后者虽然不具备实践风险，但是如果没有国家层面的支持，仅凭个人努力是没有把握实现社会地位上升的。对新旧中间阶层来说，新共和主义的出现给了他们实现第二个选项的可能，从这重意义上来看，共和主义的出现正合时宜。

共和主义

共和主义的理论基础源自法国大革命时期的《人权宣言》，以自由、平等两种自然权利为核心。因此共和派在1848年采取了基于普选的代议制民主这一政治体制。但结果却出乎意料，幻灭的共和派失去了方向，一部分转为保王党，一部分被吸收进了社会主义者的阵营。

19世纪60年代以后的共和派与40年代的“浪漫主义者”不同，他们是信奉科学与进步的实证主义哲学（le positivisme）的一代。他们认识到工业革命带来的社会性变化，因而着眼于中间阶层。新一代共和派理论的推广者是甘必大（1838—1882年），他抓住了工业化的社会性结果在于“新社会阶层”的出现，新社会阶层正是中间阶层。继承了圣西门主义的甘必大认为这个阶层是包括了上至大企业资本家下至工人和农民在内的“勤劳者阶层”。勤劳者是社会的基本成员，其个人的独立和尊严通过持有财产得到体现。国家应当尊重人权，不应否定财产私有，而是应该保障所有人都能有平等的获得财产的机会。因此，共和主义者努力排除妨碍到这一点的传统当权者和教会的影响，把能够保证政治权利平等、实现个人能力的教育平等作为最重要的政策。

这令人想起1789年的西耶斯。西耶斯创造了与特权等级对立的“第三等级”的概念，成功把因阶级划分而分裂的人们都统合进反特权阶层的体制。同样地，甘必大也设定了“勤劳者阶层”的概念，相比于有国王和教会作为保证的名流统治，他成功地实现了转变期的国民整合。

对甘必大来说，共和主义不是君主制或是总统制这种涉及政体的问题，而是哲学问题。“共和国”是综合了自由与平等观念并以此为价值基础的国家模型。在法国，对共和国模型的形成起决定作用的是在国家、官僚和军队的压力下坚持维护个人人权的“德雷福斯事件”。通过这一事件，激进派成为共和主义的主流。

“激进主义”

“德雷福斯事件”带来了政治模式的巨大变化。“德雷福斯派”多为地方上的市民团体，主要由教师、医生、律师、职员和小商人等小布尔乔亚组成。这是继承了自18世纪以来的市民公共空间传统的自发性组织，显示出19世纪末随着出版业的发达和识字率的提高，舆论的基础从“公论”世界中的精英扩展到了普通民众。

1901 年结社法令的出台让组建政党成为可能。从议员中的小团体发展而来的激进派最先在同年 6 月组建了激进社会党。通过有组织的政党活动，无名的新人进入政界成为可能，这回应了中间阶层的政治需求。这种政治模式取代了以“财产和见识”为基础、由“熟面孔”和“影响力”构成的名流政治，宣告了依赖组织和宣传的大众政治时代的到来。

19 世纪末，包括法国在内的欧洲各先进国都进入了大众政治的时代，但是以激进主义为支配性政治文化并取得了统治地位的只有法国，这也是法国政治的独特之处。从继承了名流体制下的议会制度这一点来看，激进主义是属于自由主义的，从尊重个体的人权角度来看，激进主义是民主的，但是它的个人主义色彩更强，拒绝社会主义的“阶级”概念。激进社会党对议员的约束较弱，每个议员都受所代表地区的利害关系、个人信条以及人脉等因素影响，因此它缺乏一定的凝聚力。而且迫于多数派工作的需要，激进社会党经常做出让步，从 1870 年到 1914 年的 45 年里，法国出现了 60 个内阁。这一时期的法国政局虽然不稳定，但共和政体却很安定，这是因为政坛各方就共和主义达成了共识。

来自左右的挑战

激进社会党还面临着来自左翼和右翼的挑战。

受到巴黎公社失败的打击，社会主义者内部虽然有所调整但还是分裂成了小集团。在独立社会主义者让·乔莱斯（1859—1914 年）的努力下，各社会主义小集团于 1905 年联合组建了统一的“社会党”。他们对激进社会党不满，认为他们在处理政教分离问题时虎头蛇尾，现在却又表现出一副认真处理各种社会问题的嘴脸。社会党加入了成立于 1889 年的以德意志社会民主党为中心的第二国际（社会党的正式名称为“劳动党国际·法国支部”，SFIO），之后党员数量迅速增长，但内部意识形态的分歧也日益强烈。比起德意志社会民主党对帝国主义理论的关心，英国工党对具体社会改革问题的重视，法国社会主义者的特点在于对国家、国有化和国际联系等问题的关心。

当时法国工人深受蒲鲁东主义的影响，无政府主义思想势力强大。他们不满社会党向议会主义政党靠拢的倾向，于 1895 年成立了“法国劳工总联盟”（CGT，或称法国总工会）。法国劳工总联盟在 1906 年的亚眠会议上通过了《亚眠宪章》，宣告工人的解放不依靠国家，而是以罢工为手段、依靠工人自身力量来实现“革命工会”道路。这与社会主义政党领导下的德国工会，以及独立于社会主义政党之外坚持改良主义的英国工会都不同，是法国工会特有的方针路线。

几乎在同时，右翼的新一代也登场了。他们的代表性组织是1898年创建的、以夏尔·莫拉斯为理论指导者的“法兰西行动组织”（l’Action française）。这一组织将旧右翼的王党主义嫁接到民粹主义的砧木上。他们认为法国大革命创造的“原子化的个人或阶级”毁掉了祖国，他们排斥自由主义和社会主义，以民粹主义、种族主义和反议会主义作为政治口号。新右翼获得了很多知识分子的支持，以城市小布尔乔亚为基础，具备了组织暴力行动的能力。

在这样的政治局势下，战争问题出现了。

③ 走向战争

“帝国主义”

19 世纪前半叶，法国的海外殖民地比英国和西班牙要小得多。除了旧制度时期占领的西印度群岛和若干贸易据点，以及 1830 年征服的阿尔及利亚以外，法国并没有执行连贯的殖民地战略。第二帝国时期，为了宣扬国威，法国开始在中东和亚洲进行扩张，但是国内针对海外殖民地扩张的舆论称不上积极。直到 19 世纪 80 年代第三共和国时期，法国政治家、官僚和记者才积极向民众游说殖民一事，广大的非洲殖民地就是这一时期征服的。在东南亚，通过中法战争（1884—1885 年），法国于 1887 年建立了法属印度支那。

在法国，“帝国主义”出现的经济因素是资本输出。与以产品输出为主的英国不同，法国以资本输出为主。但要论法国资本输出的对象，全部的法属殖民地加起来也不如向俄国一国输出得多。一般来说，一个国家会为了转移国内社会矛盾而走向对外扩张、实现帝国主义，法国的情况却比较特殊。法国的帝国主义是在治愈因普法战争战败而遭受重创的自尊心的过程中，通过限制国家持有外债和限制小布尔乔亚阶层移民而实现的。此外，法国的帝国主义还有着独特的文化因素。法国有着悠久的海外传教的历史，传教士以及后来的殖民者都把促进无知野蛮的原住民的“文明化”视为崇高使命。而继承了大革命“解放全人类”理念的法国对此更是坚定不移。虽然少数社会主义者对殖民政策持批判态度，但这种批判针对的是军队的野蛮扩张而不是其“文明化”的一面。

法国的对外扩张政策转移了国民对割让阿尔萨斯—洛林地区的关注，因此受到俾斯麦的欢迎，这一时期欧洲局势比较稳定。但是1890年俾斯麦失势后，德皇威廉二世转向了积极扩张的政策，局势日趋紧张。首先，因警惕德奥围绕“巴尔干问题”走到一起，法国与俄国于1894年结成同盟；其次，对德国海军扩张感到不安的英国与法国在1904年订立了英法协约；最后，日俄战争的结果令英国觉得德国比俄国更能威胁到其在中东的利益，于是1907年，英俄也订立了协约。

这样一来，俾斯麦体系完全瓦解，英法俄三国将德奥包围了起来。欧洲列强分为对峙的两大阵营，从国际关系上看世界大战的条件已经成熟。但是此时法国国内情况如何呢？

开战与“爱国主义”

战争是解决国内矛盾的一种手段。在当时的欧洲，陷入这种危险的赌博境地的国家，一个是面临复杂民族问题的奥匈帝国，一个是受到革命威胁的俄罗斯帝国。法国和英国是最远离这些难题的两个国家。但是法国因为坚持了强硬的外交路线最终走向了战争。

1905 年，随着政教分离的实现，激进社会党和社会党等议会的“左翼阵营”实际上已经没有了存在的理由，二者之间的对立显现了出来。激进社会党领袖克里孟梭在 1906 年出任总理，和他的外号“老虎”一样，他采取了包括流血冲突在内的一系列强硬手段镇压了各地频发的罢工。1909 年克里孟梭辞职之后，激进社会党又回到无原则的机会主义者的老路上去了，左翼阵营不复存在。之后，对德强硬派的莱蒙·普恩加莱（1860—1934 年）在议会右派的支持下于 1903 年当选为总统，他上任后将法国的政治问题转移到国防问题上。

围绕国防问题，法国舆论分成右翼、左翼和极左三派。法国之前的殖民地政策转移了国民对阿尔萨斯—洛林问题的关注，原本反对这种做法的右翼民粹者因为德国对外扩张的局势转变了态度，也成了殖民地主义者，变得十分好战。社会党和激进社会党等左翼在议会中拥有不容忽视的力量，他们反对开战，工人和社会主义者产生了通过全面罢工来阻止战争的想法。在 1907 年第二国际斯图加特大会上，乔莱斯明确提出了要以全面罢工和其他手段来阻止战争。不仅如此，左翼还提出了阻止战争的具体行动，一旦开战他们就会集体参与到保卫祖国的内阁中去。此外，比起“祖国”更优先考虑“阶级”的极左派也极力反战，但在社会主义政党内部它只是少数派。

关于左翼表达出的坚决态度，与其说这些社会主义者没有意识到战争必至的情况，不如说他们是出于“爱国主义”的观念。也就是说，第三共和国的社会主义者认为共和国的现状虽然不能充分满足他们在阶级理念上的要求，但已经取得了一些成果，这样的“祖国”在受到非民主的德意志帝国的攻击时是值得被保卫的。德国社会主义者也持同样态度，认为德国是值得从最野蛮专制的俄国手里守卫的“祖国”。

1914 年 6 月 28 日，奥匈王储夫妇被塞尔维亚民族主义者刺杀的萨拉热窝事件发生了。7 月 23 日，奥地利向塞尔维亚发出了最后通牒，启动了战争的齿轮。法国于 8 月 3 日参战。

所有相关国家都没有预料到这将是一场世界大战。发动了战争机器的德国没想到英国会参战，而法国的中产阶级还在享受他们的度假季。因此开战之初，人们并没有热心地投入其中，所有国家都认为这场战争几个月内就会结束。

第 9 讲

危机的时代

1944 年 6 月 18 日，盟军诺曼底登陆后，来到凡尔赛街上的戴高乐将军

大事年表

1914 年	9 月马尔讷会战
1916 年	2—12 月凡尔登会战
1917 年	4 月美国参战；11 月克里孟梭组阁，俄国“十月革命”
1919 年	3 月第三国际成立；6 月《凡尔赛和约》
1920 年	12 月社会党图尔大会
1925 年	12 月《洛迦诺公约》
1933 年	1 月希特勒任德国总理
1934 年	2 月“2 月 6 日事件”；8 月希特勒任总统
1936 年	6 月布鲁姆“人民阵线”第一次组阁；7 月西班牙内战爆发
1938 年	3 月布鲁姆“人民阵线”第二次组阁；4 月第三次达拉第内阁建立；9 月《慕尼黑协定》；11 月“人民阵线”解体
1939 年	3 月西班牙内战结束；8 月《苏德互不侵犯条约》订立；9 月对德宣战
1940 年	5 月德军进攻法国；6 月巴黎陷落，戴高乐在英国继续抗战，贝当内阁签订停战协议；7 月维希政府成立，贝当任国家主席；9 月日军占领法属印度支那北部
1941 年	6 月苏德战争开始；12 月太平洋战争开始
1942 年	11 月盟军在北非登陆
1943 年	5 月“抵抗运动国民议会”成立；9 月意大利投降
1944 年	6 月诺曼底登陆；8 月巴黎解放

世界大战的时代

20 世纪前半叶爆发了两次世界大战。对欧洲而言，这是为其霸权时代画上终止符、危机四伏的时代。对法国来讲，这一时期则是对 19 世纪末建立的“共和国模式”的重大考验。

1 第一次世界大战与战后20年代

全民战争

大部分法国国民都平静地接受了政府在1914年8月1日发出的总动员令，支持法国参战。参战的目的是将阿尔萨斯—洛林地区从侵略者德国的手中夺回，法国人毫不怀疑自己一方的正义性。8月4日，总理维维亚尼在议会批准了为参战而推行的政党“神圣联合”，即举国一致体制，社会党人格托和桑巴加入新内阁。

但是战争的发展完全背离了预想。德国的战略是先在西线打败法国，继而在东线打击俄国。攻下比利时之后，德国一直攻至法国北部，9月的马尔讷会战挡住了德军前进的势头，之后战争进入胶着状态。德军与英法联军伏在满是血、泥和虱子的战壕中对峙着，这种消耗人命和弹药的战争持续了四年。随着战争持久化，法国的自由经济变成了实行计划生产、征用工人和配给生活物资的国家干预的战时经济，此时的法国呈现出非战斗人员也被卷入其中的“全民战争”状态。政治大众化的时代，战争也成了全体国民的战斗。

进入 1917 年以来，厌战的情绪在法国日益蔓延。前线士兵拒绝出战、工人罢工情况增多。社会党内部批判政府的中央派势力逐渐增大，“神圣联合”最终分崩离析。在这样困难的情况下，76 岁再度出任总理的“老虎”克里孟梭在议会公开表达将战争进行到底的决心，他得到了民众信任，法国重整旗鼓投入战争。

然而战势并没有好转。同年 4 月，美国终于参战，但是它的远征军一直没有到位。1918 年 3 月，“十月革命”后夺取了俄国政权的布尔什维克政权与德国签订了《布列斯特—立陶夫斯克条约》，脱离了战争。东部威胁解除后，德国迅速调动部队，意图赶在美军增援到来前结束战争。1918 年春天德国发动了决战，在贝当总司令的指挥下，英法联军以超凡的耐心赢得了反击。德国提出休战，同年 11 月 11 日，双方在巴黎北部的贡比涅森林签订了停战协定。

《凡尔赛和约》

这场战争的伤亡人数在欧洲战争史上是空前的。据统计，法军、德军和英军分别约有 140 万、180 万和 90 万名士兵伤亡和失踪。而普法战争中的死者，双方加起来不超过 15 万人。

这种动员全民参战的做法，令一部分法国国民对第三共和国的“共和国模式”（即抑制了国家职能的自由民主制）的有效性产生了怀疑。但是，这场付出了巨大人力物力代价而得来的胜利令恢复战前光景的愿望支配了战后的法国社会，“美好年代”这一称法正是在这种怀旧的愿望中诞生的。

在巴黎和会上，英国考虑到与德国的经济关系，也出于对法国过于强大的警惕，极力避免过于苛刻的讲和条件。作为理想主义者，美国总统伍德罗·威尔逊倡导公正的和平，主张创建由“国际联盟”（以下简称为“国联”）管理的新型国际秩序。与此相对，法国目标直指恢复旧的国际秩序，希望最大限度地处置德国而不惜暴露其野心。

1919 年 6 月 28 日，在凡尔赛宫镜厅，参会各国签署《协约国及参战各国对德和约》（《凡尔赛和约》）。该和约让法国收回了阿尔萨斯—洛林地区，规定了莱茵河左岸为非军事区，削弱了德国的军备力量，并让法国获得了巨额赔款。

因此对法国而言，《凡尔赛和约》的签订是以恢复本国国威、弱化德国和保障未来安全为目的的“复仇”。而另一方的德国对威尔逊和国联抱有期待，对这一严苛的条约深怀恨意。

战后处置与中间道路政治

20世纪20年代的法国通过解决安全保障和经济重建两大问题，从表面来看已经从战争的创伤中恢复过来了。

安全保障问题与战争赔偿问题相关。法国总理普瓦加莱并不信任德国在支付战争赔款一事上的态度，于是他在1923年采取了强硬手段出兵占领了德国重要的工业区鲁尔。法国因此在国际上陷入孤立。在接受了美国银行家道威斯任委员长的国际委员会的调停后，法国从鲁尔撤兵。“道威斯计划”（Dawes Plan）降低了德国的赔款金额，德国因此棋胜一招，经济迅速恢复。到了30年代，道威斯计划被“杨格计划”（Young Plan）取代，该计划进一步减少了德国赔款金额。随着大萧条的到来，德国的赔偿问题最终不了了之。

军事手段行不通的法国想通过外交手段来实现安全保障，1925年12月，法国发起签订了《洛迦诺公约》。根据该公约，法、德、英、意、比五国共同保证法德边境互不侵犯。1926年，德国加入国联，法国对德国的戒备心有所缓和，觉得短时间内不会再有战争。

战后的法国在经济重建过程中废除了统制经济，并借着20年代经济繁荣的东风迅速恢复过来。特别是汽车和飞机等新兴部门发展迅速，实现了产业化。法国面临的最大难题——财政危机也随着法郎贬值而好转。

20年代法国国内政治变化重大，在此仅从普遍的势力分配上来看法国政局的变化。在当时，“右派”有继承机会主义者谱系的保守共和派，但他们并非有组织的政党；比它还右的是“法兰西行动组织”等“极右”的民粹主义团体，但这些团体作为一股政治势力本身力量较弱；“左派”有社会党；“极左”有共产党；位于“中间”的是第一大党激进社会党，但激进社会党内部在个别问题上也会分成左右两派。激进社会党与保守共和派最大的不同在于主张反教权主义和支持累进税制。

大致说来，当时法国的政局以激进社会党为中心，保守共和派参政时呈中间偏右的路线，社会党支持政府时呈中间偏左的路线。极右和极左因为势力有限，通常可以排除在外。这样，虽然内阁频繁变更，但同一议员能出现在不同的内阁中，这种中间道路政治的框架没有变。

❷ 30年代的实验

大萧条与“2月6日事件”

第一次世界大战带来的国际关系的最大变化是美国经济的发展和俄国布尔什维克政权的诞生。前者的影响随着时代发展逐渐显现，后者的影响则是立竿见影。

列宁认为，即使在西欧发达国家中，如果没有社会主义政府作保障，布尔什维克政权是不可能维持的。因此在1919年3月，列宁在莫斯科成立了第三国际，号召各国社会主义政党加入，条件是各国社会主义政党的内部要坚决排除改良派并严格遵守莫斯科总部的决定。

在法国，社会党因为1918年选举的惨败而对议会民主制感到失望，加上同年法国总工会组织的铁路罢工也失败了，社会党对一直以来的“工会主义”持怀疑态度。但俄国革命的成功给他们带来了幻想。在1920年12月召开的图尔大会上，法国社会党占压倒性的多数派都赞成加盟第三国际，加盟派成立了“法国共产党”。随着社会党的分裂，法国总工会也发生了分裂。

法国政局在20世纪20年代发生了转变。转变始于1929年自纽约华尔街蔓延开来的世界性经济恐慌。因为金融业自主的政策，法郎一直比较稳定，大萧条的影响到了1931年前后才显现出来，之后一直持续到1938年。工人、公务员、农民及其他城市中间阶层产生了对未来的不安情绪。在1932年的选举中，社会党及其他左翼政党结成的“左翼卡特尔”（lecartel des gauches）胜出，组建了中间偏左的激进社会党内阁，但是因为提不出有效应对经济萧条的政策没能持续下去。

这种情况下，“2月6日事件”发生了。1934年2月6日，巴黎的极右团体举行了大规模反议会示威，达拉第内阁难辞其咎集体辞职。左翼舆论认为这是“法西斯主义者夺取政权的行动”。但是从现在的研究来看，当时极右团体的行动目的并不是占领议会所在的波旁宫，而仅是以达拉第内阁阁僚的诈骗事件（l’Affaire Stavisky，即斯塔维斯基事件）为由向激进社会党发难并达成目的而已。

“2月6日事件”的历史意义在于揭露了这样一个事实，

即被极右势力视为左翼阵营中最薄弱部分的激进社会党因为渎职腐败已经失去了第三共和国政治中心的领导地位。

“30 年代的精神”

“2 月 6 日事件”并不是当时法国政坛政治阵营频繁更替中的个别事件。这一时期，不仅反对第三共和国“共和国模式”的极右团体数量有所增长，既存的政治组织内部也出现了新一代，一种被称为“30 年代的精神”的新思潮正在兴起。

激进社会党内部出现了包括皮埃尔·孟戴斯–弗朗斯（1907—1982 年）在内的被称为“青年土耳其人”的年轻团体，他们开始摸索与旧一代惯用的“政治妥协”不同的政治手段；也有一部分激进社会党人走向了极右，例如德阿[1]脱离了右派加入了极右的“新社会主义”一方；提倡“计划经济”的年轻一代的理论集团开始出现，后来成为著名结构主义人类学家的克劳德·列维–施特劳斯也是其中一员。共产

1 马塞尔·德阿（Marcel Déart，1894—1955年），早年为社会主义者，德军占领时期成为通敌分子和反犹分子，战后被缺席审判并定罪，潜逃并死于意大利。下文言及拉瓦尔任维希政府总理时推行的对德“义务协助劳动”，就是由时任“劳工与国家团结部部长”的德阿参与实施的。

党依从共产国际的判断，认为资本主义的“相对稳定期”已经终结，从1928年起采取宗派主义色彩浓重的“阶级对阶级”的强硬路线，议席减少。共产党内的重要人物多里奥批判了“阶级对阶级”路线，逐渐摆脱了共产国际的控制。

这样，在脱离了第三共和国传统的政治模式、各派都在摸索新的政治手段的时期，“2月6日事件”令许多人感觉到法西斯的威胁也是自然的。1934年8月，希特勒出任德国总统，并于1935年8月宣布德国重新武装。随后的国际形势以及与此相呼应的极右团体的一系列活动都加剧了法国社会的紧张心理。

“人民阵线”的成立

1935年7月，“人民联合”（“人民阵线”前身）成立。在1936年春天的选举中，“人民联合”阵营获胜，以莱昂·布鲁姆（1872—1950年）为首的“人民阵线”内阁于6月完成组建。这次选举扩展了投票群体，如共产党参加选举，社会党加入内阁等，原来处于权力分层下游的组织地位得到了很大提升。

然而，统一战线并不是件容易的事。这一时期出现的一大变化是共产党成了统一战线的推进者。1935年5月至6

月，苏联对纳粹德国的警惕性加强，将反法西斯斗争提到优先地位。因此这一时期，法共排除了多里奥而选择了有能力的党政官僚毛里斯·托雷兹（1900—1964 年）的领导，转向了统一战线方针。托雷兹对基层党员和知识分子的动向颇为敏感，他对这种转变做出了法国大革命时期雅各宾专政式的解释，将革命应与保卫祖国一体化的理论引入法国左翼的政治传统中。

社会党总部对托雷兹转向统一战线的方针感到困惑，但是党内左派对此表示欢迎，布鲁姆也将接受反法西斯的提案当作义务。激进社会党起初无视托雷兹的提案，但是根据 1935 年 5 月的《法苏互助条约》和同月基层选举的经验，对统一战线态度积极的左派的达拉第一派势力得到增强。

在这种形势下，其他反法西斯团体也加入进来。1936 年 1 月，统一战线的支持者起草了《人民联合纲领》，政治标语为“面包、和平、自由”。在 1936 年春天的选举中，人民联合取得了 615 个议席中的 376 席，超过了右派阵营，社会党赢得 147 席，激进社会党取得 106 席，共产党获得 72 席，右翼诸派占 51 席。6 月 5 日，以共产党为外部协力的布鲁姆内阁成立。

解体

这样的选举在第三共和国还是第一次，各方对此反应不一。社会党左派和极左团体把这场选举看成是一场革命，陶醉在“一切皆有可能”的气氛中；对激进社会党来说，这和之前左翼阵营在选举中获胜没什么不同；对中间派的布鲁姆来说，这也不是“夺取政权”，而是“行使权力”的一次试验机会。共产党的态度与此类似，认为这只是阶级斗争的一种形式，其战略目标受到了限制。

另外，工人之间充满了“庆祝”的气氛，自发组织的罢工在全国各地都有所发生，平息这类事态成了布鲁姆内阁的首要任务。1936 年 6 月 7 日，劳资双方代表在总理官邸马提翁宫就缔结集体合同、结社自由、提高工资等内容达成了一致，签订了《马提翁协定》。6 月底，法国政府又陆续出台了 40 小时工作制、2 周带薪休假等政策。但罢工并没有马上平复，说服工人中止罢工的社会党和共产党人被指责为“叛徒”。

“人民阵线”最终由于意想不到的事态而解体。1936 年 7 月，比法国早一步成立“人民阵线”的西班牙发生了佛朗哥将军的叛乱，西班牙政府向法国政府请求武器支援。布鲁姆政府决定直接支援，英国与法国意见不合，激进社会党表示反对。最后，法国因担心爆发全面战争而改变了决策。8月，相关国家签订了不干涉协定，但是德国和意大利公然以武器支援叛军。1939 年 3 月，叛军攻占马德里，西班牙内战结束。这期间，虽然共产党和极左派强烈批评法国政府的软弱，但政府的不干涉政策一直没有改变。

因为外交问题，布鲁姆内阁内部产生了裂痕，再加上这一时期政府的财政方针因为缺乏连贯的政策而失败，1937 年 6 月，布鲁姆内阁集体辞职。《人民联合纲领》在 1936 年夏天失效，布鲁姆不得不承认“实验”以失败告终。这之后出现的几个短命内阁都没有取得什么实际成果，至 1938 年 11 月，“人民阵线”名实都已不存。

“人民阵线”想解决第三共和国体制上的僵局，即通过打破按阵营选举的方式将左右各派团结起来，但事实证明它也不是体制改革的解决办法。确实，这一时期涌现出的各种各样的革新精神都是宝贵的经验，但是这也使得人们的注意力集中在国内政治而疏忽了对纳粹德国的危险性的防范。因此达拉第内阁很快就疲于应对复杂的国际关系。

❸ 第二次世界大战

《慕尼黑协定》

第一次世界大战之后法国所追求的安全保障体系，随着纳粹政权的建立、德国的再军事化和《洛迦诺公约》的废止而崩塌。法国又回到了从东西两线包夹德国的老路，于1935年与苏联签订了《法苏互助条约》。1938年，希特勒合并了奥地利，随后要求与法国缔结了互助条约的捷克斯洛伐克割让苏台德地区。同年9月，德、英、法、意等国签订了认同这一要求的《慕尼黑协定》。

英法两国的意图是以牺牲小国捷克斯洛伐克为代价避免全面战争。英国首相张伯伦希望通过这一让步满足希特勒扩张的意图，使希特勒成为抵抗苏联的防波堤。法国国内对希特勒的戒备心比英国强烈，但是法国军事防御力不足，深知这一点的达拉第需要时间准备防卫，因此也跟随了张伯伦的做法。从慕尼黑回国的达拉第在当时被看成是使法国免于战争的英雄而受到欢迎，但结果证明，《慕尼黑协定》是对希特勒意图的误判，是英法外交的失败。

从开战到败北

第二次世界大战呈现出与前一次大战完全不同的样态。1939 年 9 月 1 日，德军入侵波兰，9 月 3 日，英国和法国对德宣战，战争开始（意大利与美国宣布中立）。1939 年秋到 1940 年春，德军在波兰、丹麦和挪威展开了军事行动，这期间法军躲在 20 年代沿国境修筑的“马奇诺防线”内侧，以体育和戏剧等消遣以逸待劳，这一时期的战争被称为“奇怪的战争”(la drôle de guerre)。议会内部还有期待与德国对话的强有力的主和派，因此与前一次大战相比，法国的作战实在称不上举国一致体制。对作为反希勒特先锋的法国共产党来说，1939 年签署的《苏德互不侵犯条约》不啻为晴天霹雳，党内在困惑之极时发生了分裂。最终，因为坚持“斯大林是正确的”，法国共产党失去了“人民阵线”的信任，整个党派被取缔。

1940 年 5 月 10 日，德军向荷兰、比利时和法国一齐发动了攻击，旋即攻破了“马奇诺防线”。6 月 10 日，意大利对法国宣战。6 月 14 日，巴黎宣布为不设防城市，德军进驻巴黎。法国的败北在于空军力量处于劣势，面对德军的“闪电战”策略束手无策。法国政府逃到波尔多，副总理贝当元帅组阁。新内阁与德国签订了停战协议。6 月 29 日，法国政府转移到中部度假城市维希。在德军的占领下，法国国土除了边境地区的“保留地区”以外，分成北部、大西洋沿岸的“占领地区”和除此以外的“自由地区”，各地区间的自由往来遭到禁止。

顺便说说自 1937 年以来深陷日中战争的日本。当时日本不想过分牵扯进欧洲战事。1936 年以苏联为假想敌，日本与德国签订了《日德共同防卫协定》。在法国投降后的 1940 年 9 月，日、德、意三国结盟。在此之前数日，日军占领了法属印度支那北部。

维希体制

维希政权建立于 1940 年 7 月 11 日。7 月 10 日，在一片混乱中聚集在维希的上下两院议员中，有三分之二的议员同意全权授予贝当元帅颁布新宪法的权力。翌日，维希政府成立，国名改为“法兰西国家”（l’État français），贝当就任国家元首。尽管存在很多法律上的可疑之处，但是混乱时期的法国几乎没有人对这一政权的合法性提出异议。国际上除了英国以外，其余国家也都承认了维希政府，美国、苏联还在维希开设了使馆。

10月，贝当表明将与德国“协作”（collaboration）。这成了战后法国的一大问题。当时，维希政府认为英国最终也将被德国征服，德国赢得战争是确定无疑的。基于这种判断，为了尽可能在将来的欧洲格局中为法国争取有利位置，维希政府选择“协助”德国。贝当还想通过此举为日后与德国交涉投降条件时留有余地。但这些打算全部落空了。对希特勒而言，头等要事是预防法国政府逃到北非继续抵抗。

什么是维希体制？两次大战之间的第三共和国时期，关于“共和国模式”的质疑就已经出现。1940年夏天，大多数国民都将战败的全部责任归咎于老朽的第三共和国体制。因此不难理解，在不安和困惑中，肩负着重建国家重任的84岁的老将贝当，这位曾经的“凡尔登的英雄”被当作“救世主”得到民众的拥护。贝当曾说：“我们的失败源于松懈，享乐破坏了那些基于牺牲精神的成就。”他通过否定“国民革命”以及法国大革命确立的人权、反教权主义和共和的精神革新了国家。他创造了“勤劳、家庭、祖国”这一新的政治口号以取代“自由、平等、博爱”。维希体制实际上是自法国大革命以来一直存在的、潜伏在第三共和国中的传统主义的体现，它本身并不具备法西斯性质的单一政党性和民粹主义性。

维希政府构成复杂，极右团体、保守右派的激进派、和平主义者和反议会制的左派等各路人士都参与了进来，还包括了憎恶“人民阵线”的实业家和战前改革方案不被采纳的技术官僚。简言之，维希政府是对第三共和国不满的人们的集合体，这些人“统一”在一起并不是靠“国民革命”的精神。因此，后期的维希政权便呈现出了法西斯的特点。

因战争的长期化和希特勒苛刻的“协助”要求等，法国国民逐渐放弃了对维希政权的幻想，但是大多数国民对贝当元帅个人的信赖并未降低。而且对德国占领当局而言，与其依靠不得民心的法奸积极分子，不如利用贝当使法国民众保持中立。

抵抗运动

法国国民针对德军掀起的抵抗运动（La Résistance）涉及运动领导权以及运动组织与盟军关系这两个问题。

“抵抗”是从伦敦开始的。陆军内部的“异类”、右派改革派的国防部副部长夏尔·戴高乐将军（1890—1970年）

因反对投降，于1940年6月17日出逃至英国。翌日，他通过英国广播公司（BBC）的电台号召法国国民与英国一起并肩继续战斗。但是，这一呼吁几乎没有收到任何反响，戴高乐的组织“自由法国”（la France libre）也仅有从大陆战场逃出的几千名士兵。维希政府缺席判决了戴高乐死刑。美、英都还指望维希政权能重新参与到战事中来，因此罗斯福总统认为戴高乐是个野心勃勃的军事独裁者，不配作为合作伙伴，丘吉尔首相的态度也暧昧不明。戴高乐陷入孤立，此时带给他勇气的是法国本土的抵抗运动。

戴高乐的呼吁原本面向的是法国海外领土的军队，他没想到本土市民能掀起抵抗运动。法国本土的抵抗运动自1940年秋起零星出现，后逐渐发展壮大。1941年6月，共产党在苏德开战之际公开发起抵抗运动。1942年春，拉瓦尔成为总理，加强了对德国的“协助”[1]，拒绝被征用为德国苦力的法国青年组织了武装抵抗组织“马基”（Maquis）[2]。从1943年春天起，“马基”的发展经历了三个阶段。据战后法

1 皮埃尔·拉瓦尔（Pierre Laval，1883—1945年）是占领时期的通敌积极分子和反犹主义者，他在“总理”任上大力推行对德国的“义务协助劳动”，即征调法国青年充当德国的免费劳动力。战后审判中，拉瓦尔畏罪服毒自杀未遂，于1945年10月15日以叛国罪被枪决。

2 “Maquis”原意指地中海沿岸、特别是科西嘉地区的林莽，历来为绿林好汉的藏身之地。

国政府的官方统计，抵抗组织的参加人数约为 40 万人，其中 10 万人献出了生命。

随着抵抗运动的开展，法国国内外围绕着抵抗组织的领导权问题产生了对立和相互排斥。在这种情况下，作为戴高乐的代理人，前厄尔和卢瓦尔省长让·穆兰潜回法国。在他的努力下，1943 年 5 月，全国统一组织“抵抗运动国民议会”（CNR）成立了，戴高乐被推举为领导者。这是一个暂时的折中解决办法。

再来看抵抗运动组织与盟军的关系。1942 年秋盟军在北非登陆后，得美国青眼相加的亲维希派的吉罗将军与戴高乐争夺抵抗组织的领导权。1943 年 6 月，双方在阿尔及尔组建了“法兰西民族解放委员会”（CFLN）（以下简称“解放委员会”）。解放委员会在 8 月得到盟军的正式承认，这表明戴高乐掌握了实权。解放委员会是具有临时政府性质的组织，但罗斯福并不认可它是法国的合法政府。

“解放”

在戴高乐与吉罗两位将军领导的抵抗斗争继续之时，战局开始明显倾向于盟军。1943 年 2 月，德军在斯大林格勒投降。5 月，北非的德、意军队投降，美军在意大利本土登陆。9 月，意大利投降。对法国来说，具有决定性意义的事件是 1944 年 6 月 6 日的诺曼底登陆，8 月 25 日，巴黎解放。本讲的最后来分析一下这场战争的最后阶段，盟军、戴高乐和共产党之间的战略决策。

盟军总司令艾森豪威尔本来打算将牺牲较大的巴黎攻城战延后，集中精力对付德军主力。这一决策也是出于政治上的考量，艾森豪威尔选择搁置“哪个才是正规的法国政府”这一棘手问题。但是抵抗组织认为解放将近，加强了武装斗争，共产党势力较强的巴黎在 8 月 19 日爆发了抵抗组织民兵起义。艾森豪威尔不得不改变作战计划，调动戴高乐一派的勒克莱尔将军麾下的法军进攻巴黎。戴高乐一方面对共产党的举动怀有戒备，另一方面又希望由法国人自己来实现巴黎的解放。在勒克莱尔部队和抵抗民兵合力下，巴黎于 8 月 25 日解放。当天下午，戴高乐到达刚刚解放的巴黎，他无视了国内抵抗组织的贡献，直接以“自由法国”为第三共和国的正统继任政权。

战争一直持续到 1945 年 5 月，戴高乐坚持让法军战斗到战争的最后一刻。虽然他成功了，但是雅尔塔会议和波茨坦会议都没有邀请他参加。

第10讲

现代法国的转变

巴黎的“五月风暴”（1968年，拉丁区）

大事年表

1944 年	9 月临时政府成立（戴高乐任主席）
1945 年	11 月三党联合内阁
1946 年	1 月戴高乐辞职；10 月第四共和国成立；12 月印度支那战争爆发（—1954 年）
1947 年	5 月三党联合内阁解体；7 月“马歇尔计划”
1951 年	4 月“欧洲煤钢联营”生效
1954 年	5 月奠边府战役；6 月孟戴斯－弗朗斯内阁；7 月印度支那停战协定；11 月阿尔及利亚战争爆发
1958 年	5 月阿尔及利亚革命；9 月第五共和国成立；12 月戴高乐当选总统
1962 年	3 月《埃维昂协议》（承认阿尔及利亚独立）；10 月修宪
1968 年	5 月“五月风暴”
1969 年	4 月戴高乐辞职；6 月蓬皮杜当选总统
1973 年	10 月第一次石油危机
1974 年	5 月德斯坦当选总统
1981 年	5 月密特朗当选总统
1986 年	3 月希拉克任总理，第一次共治政权成立
1988 年	5 月密特朗连任
1992 年	2 月《马斯特里赫特条约》生效
1995 年	5 月希拉克当选总统
2003 年	3 月伊拉克战争

重大转折期

终于到了最后一讲。我第一次踏上法国的土地是在1962年末，那一年阿尔及利亚战争刚刚结束，8月还发生了刺杀戴高乐总统未遂的"佩提克拉玛事件"（l'Attentat du Petit-Clamart），巴黎市内重要地段都有佩枪的武装警察执勤。当时法国公众舆论围绕修宪公投产生了严重分歧，对第五共和国是个什么样的国家以及它能存续多久都存在不同的看法。

第五共和国从戴高乐去世到现在[1]已经持续了半个世纪。谁又想得到当初最反对这一体制的密特朗在20多年后当选为第五共和国总统。

从现在的角度看，第五共和国成立的时间点正是法国历史重要转折期的开始，对这10讲来说也是一个非常合适结尾的终章。

1　本书成书于2006年初，初版于同年5月由岩波书店发行，2018年8月第17次重印。

❶ 第四共和国

第四共和国的成立——从“三党联合”到“第三方势力”

法国战后政治的重建从戴高乐进入巴黎就开始了。1945年10月的选举结果显示了公众并不希望重建第三共和国的态度，因此政府开始制定新的宪法。这次选举还首次通过了女性参政权的决议。

“法兰西民族解放委员会”变身为临时政府，由抵抗运动中贡献最大的第一大党共产党、以天主教民主派为主体参加抵抗运动的第二大党人民共和党（MRP）和第三大党社会党联合组阁。1946年1月，被推举为临时政府主席的戴高乐突然宣布辞职。戴高乐认为政党是使第三共和国陷入瘫痪的罪魁祸首，所以他不信任议会政治，这造成了戴高乐与那些由国内抵抗运动主力组成的政治组织之间的分歧。之后的政府是以排除了戴高乐、三党联合执政的方式运行的。1946 年 10 月，国民公投勉强通过了《法兰西第四共和国宪法》，该宪法是各党之间相互妥协的产物，与《法兰西第三共和国宪法》相比没有实质上的变化，这令期待革新的国民十分失望。

共产党于 1947 年 5 月成为在野党，同一时期戴高乐创建了“法兰西人民联盟”（RPF）。法国政府执政的基础从“三党联合”转向了社会党、激进社会党、人民共和党以及温和的右翼小集团纠合而成的“第三方势力”。共产党和“法兰西人民联盟”两大强势在野党伴在第三方势力左右，这成为第四共和国最大的弱点。在第四共和国存续的 12 年间，内阁更换了 25 届，各方势力都拖延推迟解决重要问题，法国政治陷入“不作为主义”。

即使如此，走中间偏右路线的第四共和国还是取得了一些成就。法国在美国的援助下经济迅速恢复。此外，从罗贝尔·舒曼提议成立“欧洲煤钢联营”（CECA，1951 年签订）起，法国在西欧统合的道路上也相当成功。但是在设立“欧洲军”和“欧洲防卫共同体”（CED）的问题上，法国暴露了第三方势力在凝聚力上的弱点。同时，印度支那问题告急。

法国共产党

共产党作为法国国内抵抗运动的中坚力量，在战后把握住了时机，积极协助右翼的戴高乐政权。这其实反映了从莫斯科流亡归来的总书记托雷兹所代表的苏联的意向。在1945年2月的雅尔塔会议上，美英和苏联划分了战后欧洲的势力范围。对苏联而言，斯大林希望法国共产党通过协助戴高乐进入内阁以抑制和排除英美的影响力。但是，1947年3月，杜鲁门发表国情咨文揭开了“冷战”的大幕。6月，苏联命令各国共产党坚决抵制美国援助欧洲复兴的“马歇尔计划”，“冷战”正式展开。在这种形势下，托雷兹就之前与政府的合作进行了“自我批评”，表明要同“美帝的走狗”斗争到底。至此，法国共产党与政府建立在“解放”基础上的蜜月期结束了。共产党与其他政党，特别是与之相近的左翼社会党开始了水火不容的对立。

在1951年和1956年的选举中，共产党仍然是第一大党，之后一直到1981年密特朗上台时都保持着约20%的得票率。在“冷战”下的西方阵营中，法国共产党维持着如此高的得票率是法国所特有的现象。其原因有三点：第一，共产党继承了抵抗运动中坚力量的光荣遗产；第二，共产党得到了战后大国苏联和法国总工会双重有力的支持；第三，在战后西欧思想界，马克思主义占有重要地位，马克思主义在法国原本不如在德国那样有影响力，但是战后法国思想界和文化界出现了阿拉贡、毕加索、约里奥·居里夫妇和萨特等知识分子，他们赋予了法共在知识和文化上的影响力。

20 世纪 60 年代末，法国社会党在工人中的影响力微弱，加上阿尔及利亚政策的失误，法共一时得以维持。但随着工业化进程出现的“消费经济”动摇了一直以来的“共和国模式”的基础，也减弱了社会主义的“反主流文化”。

印度殖民地与孟戴斯－弗朗斯

战前的法国在印度支那、北非和撒哈拉以南的非洲都拥有殖民地，战后法国政府为了确保在国际政治上的发言权，认为有必要将殖民帝国维持下去。因此，《第四共和国宪法》规定法国本土与殖民地和海外领地统一为“法国联合”。

但是各地都掀起了独立运动，特别是在日本侵占的印度支那地区。日本投降后，1946 年 12 月，越南独立同盟与受美国财政支援的法军开战。法国民众的大多数并没有关注这一遥远的战事，直到 1954 年 5 月 7 日，在奠边府战役中法军死伤惨重且多人被俘，这一消息震惊了国内，同时这也表明军事手段无法解决印度支那问题。

对此，激进社会党的孟戴斯－弗朗斯被提名组阁。同年 7 月 21 日，各方在日内瓦迅速签订了停战协议。美国与南越政府的协定迟迟达不成一致，最终走向“越战”。法国则顺势放弃了印度支那的殖民地。接着孟戴斯－弗朗斯又开始着手解决突尼斯和摩洛哥问题。但是，此前比较稳定的阿尔及利亚在 1954 年 11 月爆发了独立战争，坚持“法国的阿尔及利亚”的死守派与共产党和人民共和党一致认为孟戴斯－弗朗斯的殖民地政策太过宽容，失去了对其内阁的信任。

火中取栗的孟戴斯－弗朗斯作为清廉高尚的共和主义政治家在民众间享有盛名。他一贯雷厉风行，在议会对某项决议进行充分讨论之后，他会不经过其他政党直接诉诸舆论，在强有力的政府的支持下果断地推行决策。这一点与第四共和国高高挂起的官僚主义不同，是对共和国模式的一种新尝试。

大力支持“孟戴斯主义”的是“人民阵线”时期出生的所谓“阿尔及利亚战争一代”的年轻知识分子阶层。他们继承了诞生于“德雷福斯事件”、经反法西斯运动和抵抗运动磨砺的正义精神，与激进社会党、社会党和共产党等所代表的“左翼文化”及“共和国模式”相异。对孟戴斯与众不同的执政方式感到不安的既得利益集团和政党的阻挠让“孟戴斯主义”遇到了挫折。

阿尔及利亚问题与戴高乐的二次上台

阿尔及利亚从1830年起就成了法国的殖民地，有着较长的被殖民历史，而且在当地的殖民者人数较多，其重要程度是印度支那所不能比的。因此，当“阿尔及利亚民族解放阵线”（FLN）发起解放运动时，不管是在当地还是在法国本土，反对阿尔及利亚独立的意愿都很强烈。但是随着阿尔及利亚战争陷入胶着，法国政府在财政和心理上的负担日益加重，本土舆论最终也倾向承认阿尔及利亚独立。

在这种背景下，人民共和党内承认独立一派的皮埃尔·弗林姆兰出任总理，但议会对他表示出不信任的态度。1958年5月13日，在阿尔及尔，反对法国放弃阿尔及利亚殖民地的市民和当地军方高层掀起了起义，24日起义伞兵部队空降科西嘉岛，出现进军巴黎的苗头。起义部队要求自1946年就从公共领域隐退的戴高乐将军再度出山，戴高乐表明了对政权的兴趣。法国本土的军队和警察与起义军态度一致，提出同样的动议。但这在国民间却唤起了30年前西班牙的噩梦。当时佛朗哥在摩洛哥发动政变，他的军队随即北上攻入西班牙本土，内战的结果是断了西班牙共和国的脉息。

在混乱与不安中，总统科蒂恳请戴高乐出任总理。1958年6月1日，国民议会以329票赞成、224票反对的结果同意戴高乐组阁。戴高乐从议会得到了解决阿尔及利亚问题的全权委任以及限期修宪的权限。他上台后首先要求就修宪进行公投，这一提议获得压倒性赞成。10月5日投票结果公布，这就是“第五共和国”的开端。在这场全民投票中，共产党和非共产党派别的一部分左翼人士投了反对票。

❷ 第五共和国

第五共和国成立的意义

从第四共和国到第五共和国的突然转变受到了舆论欢迎。但是在知识分子中间，呼吁警惕独裁的声音也不在少数。

现代史学者塞尔热·伯尔斯坦（Serge Berstein）认为这一政变与 19 世纪末第三共和国的成立有异曲同工之处，但是第五共和国的成立却是在完全不同的基础上发生的，它是在各种社会政治因素综合作用下实现的，这种综合作用包括政治体制、社会基础和政治文化三个方面。

从政治体制上看，战后法国国际地位低下，面对阿尔及利亚危机表现出无能为力的“官僚主义”现存体制令人失望。

从社会基础，也就是转变发生的土壤方面来看，经济学者让·弗拉斯蒂埃（Jean Fourastié）提出所谓的“光荣的30年”（Les Trente Glorieuses），指的是从法国解放到1973年第一次石油危机之间持续约30年的不可思议的经济飞速发展期。“光荣的30年”正是戴高乐为了对抗美国而格外重视经济发展的结果。得益于此，法国的经济和社会生活都发生了巨大改变，社会阶层也发生了相应的变动。

第8讲曾提到，19世纪法国的工业化并没有令农村和城市的小生产者消失殆尽，而且还创造了一批从事第三产业的工薪阶层，形成了非均质的中间阶层，这成为19世纪末法国激进主义迅速发展的社会土壤。“光荣的30年”期间，随着社会经济飞速发展，农民、小商人等旧中间阶层逐渐减少的同时，第三产业从业人口增加了，他们在服务业和技术领域实现了“白领化”，特别是处于中级管理职位的中等收入阶层得到增长。就工薪阶层而言，这的确形成了均质的中间阶层。阶层内部不是通过财产而是根据收入规模实现了阶层分化。在这种背景下，民众融入中间阶层生活方式的意愿日益增强，希望接受中高等教育的意愿也越发强烈。这个已成为社会多数派的中间阶层，正等待着享受戴高乐的政治所带来的秩序和繁荣。

最后，应国民期待而出现的“戴高乐主义”，作为一种政治文化并没有否定共和政体。但是它所重视的是强有力的国家、技术官僚、民族主义和效率性，从谱系上看很接近波拿巴主义。因此，战后初期的法国政界虽然孤立了戴高乐，但第五共和国的成立还是宣告了戴高乐的成功，虽然这一成功更多地取决于他处理紧急事件的务实态度而不是因为其一贯坚持的理念。这意味着，戴高乐在法国从工业社会向后工业社会转变的过渡阶段起了催化剂的作用。

戴高乐的政治

戴高乐统治法国约有十年之久，他的统治可以总结为以下四点。

第一，在阿尔及利亚问题上，戴高乐始终认为要恢复国力就要尽快从阿尔及利亚战争中脱身，但是就如何才能“不失颜面地脱身”却没有具体措施。因此，他含糊其辞的发言令阿尔及利亚死守派心存幻想。但在经历了四年的艰难过程后，戴高乐终于与起义军做了了断。1962 年 3 月 18 日，法国与阿尔及利亚民族解放阵线签订了《埃维昂协议》，承认阿尔及利亚独立。这一协定在法国全民公投中获得了压倒性支持。

第二，在重组国家方面，1958 年的新宪法强化了总统对议会的权力，然而对戴高乐来说这只是一时的妥协。阿尔及利亚问题解决之后，总统选举由选举团选出的间接方式变为了由国民直接选举。这种人民投票在总统和国民间建立了直接联系，是一种民主。虽然架空了议会，但总统制共和国作为戴高乐理想中的政治体制最终确立了。1962 年 10 月，这次修宪通过了全民公投，在次月的总选举中戴高乐派大获全胜。这也是戴高乐统治的最高峰。

第三，戴高乐对外政策的基本构想是从美国的干预下独立出来，因此他积极与德国接近，使法德关系超越于对美、对苏的关系之上。但这种欧洲秩序的构想并不是要建立超越国家的联合体，而是“各国组成的欧洲”，进一步讲，是构建一个法国能够充分发挥影响力的欧洲。这种积极外交确实对提高法国的国际影响力有一定效果，但是远不足以让法国成为两个超级大国之间的“第三方势力”。

第四，法国国内对戴高乐的评价也颇为微妙。在国家主导的“计划经济”下进行的工业化虽然提高了国民收入和生活水平，但也导致了民众对体制的不满，引发了 1968 年的“五月风暴”。面对这一危机，戴高乐虽然解散了议会得以暂时脱身，但在隔年的地方制度和上议院改革的全民投票中败北，被迫辞职。

戴高乐引退后，蓬皮杜（1969—1974 年在任）、德斯坦（1974—1981 年在任）两人先后继任总统。亲戴高乐派的蓬皮杜对个人强权政治的界限颇为自觉，比较重视巩固党组织和实现经济的现代化。戴高乐拒绝英国加入欧共体，蓬皮杜则予以认可，这推动了欧洲一体化进程。德斯坦本是蓬皮杜的财政部长，是独立共和派。在总统任上，他提名戴高乐派的雅克·希拉克为总理将其吸收进政府，但二人最终对立，希拉克集结保守派组成了“法国保卫共和联盟”（RPR），而德斯坦组建了中间派的“法国民主联盟”（UDF）。德斯坦在任时提出了“世界主义”，缓和了法国同美国的对立。他积极开展同第三世界的外交，但最终因经济不景气威望渐失。基本上，德斯坦的执政也没有超出“戴高乐主义”的范畴。

1981年，密特朗总统上台，宣告了“没有戴高乐的戴高乐主义”时代的落幕。

“五月风暴”

1968年的“五月风暴”暴露了戴高乐体制存在的问题。在当时，包括日本在内的工业先进国几乎都爆发了类似的社会运动。各国呈现出不同的情况，形势最激烈的法国经历了学生叛乱、工人抗议和政治危机三个阶段。

第一阶段始于3月22日，巴黎西郊的巴黎大学南特尔校区的学生占领了学校。5月初，运动的中心转移至索邦大学所在的巴黎中心的拉丁区，数万学生的加入引发了骚乱。5 月中旬，运动开始扩展至知识分子、政治家和工人中间，运动进入第二阶段。此时生产、运输、服务业等部门因为罢工几乎陷入瘫痪状态。为了将学生和工人运动分离，政府于 5 月 27 日达成了关于劳动条件的《格勒内尔协定》，但该协定并没能说服法国总工会等工会组织，罢工继续进行。自此，戴高乐失去了解决问题的有利时机，陷入政治危机，运动进入第三阶段。此时行政机构处于瘫痪状态，戴高乐作出解散议会、重新选举的决定。这种强势的战略取得了成功，全国罢工逐渐减少，警察出面解除了学生对索邦校区的占领，同情学生和罢工的报纸对此多有指责。

“五月风暴”本来就是没有具体目标、自然而然发生的运动，参与者们在长时间的运动过程中发生了分裂，耗尽了精力。讽刺的是，“五月风暴”以巩固了戴高乐政权而告终。根据《格勒内尔协定》，工人的劳动条件的确有了些许改善，但这只是随“五月风暴”出现的普通的劳资纠纷的表现，这种奇特的现象并不是整个运动的核心。

“五月风暴”令世人最为不解的是，为什么在一个经济稳定增长、物资充裕、实现了充分就业的富裕社会中会发生“革命”呢？

这并不是“革命”。从掀起风暴的学生阶层来看，他们是战后婴儿潮而造成的学生数量增加的一代，逐渐地，他们不再被视为精英，虽然经济的繁荣能够保证就业，但等待他们的也只是作为中级职员被输送至既存的社会秩序中成为“资本的护卫犬”。这种矛盾心理被深谙社会学理论的学生活动家们的突然行动点燃，他们批判高等教育是为了再造社会等级秩序的意识形态工具。自此，他们对营利主义、生产主义和量化主义等理念也展开了批判，在他们眼中，国家是为家族、学校、教会、工会、政党等既存大型机构维持权威的机关，因此对国家多有抵制。“共和国模式”对他们而言也没有吸引力。墙上写着“禁止‘禁止’”等讽刺性的语句，这也从侧面显示了这场运动的性质。

这场运动并不是设定了具体目标的“革命”，而是希望从一切拘束中解放出来的“异议表达”，是对国家的改革并不关心的“乌托邦”式的愿望。而且，它所表现出来的非常规的行事方式，与消费经济的产物——“年轻文化”有一定关系。占领工厂的年轻工人也好，学生也好，都表现出受这一文化影响的一面。从某种意义上讲，这也是“光荣的 30 年”的产物，当事各方意识到了这种“乌托邦”式愿望的性质，自发掀起了一场“狂欢”。

“五月风暴”并没有留下直接的政治成果，但是它引起了法国社会和文化深处的巨大变化。

③ 后“戴高乐主义”的现在

“戴高乐主义”时代以后的新形势

“戴高乐主义”时代以后，法国所处的环境发生了剧烈变化。首先在国际上，随着柏林墙被推倒，两德统一（1990年），接着苏联解体（1991年），“冷战”的结构也解体了。国际形势朝着美国的单边霸权主义方向发展。同时，欧洲联合的脚步加快，《马斯特里赫特条约》生效（1992年），施行统一货币欧元（1999年），欧盟扩展至东欧。

欧洲一体化的方向是偏离了戴高乐的构想的。而且，经济全球化发展迅速，这一领域也与“戴高乐主义”的“计划经济”相悖，更接近英美的市场经济模式。在这种巨大变化中，法国的国际地位跟政治影响力比起战前都有所降低，从曾是国际通用语言的法语的影响力也能看出，法国文化上的影响力也大大降低了。

在法国国内，1973 年第一次石油危机终结了“光荣的 30 年”，法国开始进入受失业问题长期困扰的阶段。但是，法国向消费经济转变和城市化进程等长期性社会转型仍在进行中，还在工薪阶层的均质化上取得了进步。人们希望提高生活水平和向往舒适生活的愿望不断得到刺激，而便捷的信用制度的发展也促进了这一刺激。

与此同时，之前一直被视为美德的朴素和节约的观念被舍弃，追求物质欲望的行为得到肯定。“德雷福斯事件”以来至抵抗运动为止，作为共和国基础的公正、自我牺牲和团结等价值被效率和安逸所取代。从家族开始，教会、学校、工会、政党等既存的大型机构失去了权威，一直以来围绕这些机构的社会性、政治性争论不再重要，有时甚至消失了。讽刺的是，法国共产党在面临退出政治舞台的考验这一点上，与法国教会的命运如出一辙。

共和国模式的重建——民族国家的重新反思

20 世纪 80 年代以后，密特朗（1981—1995 年在任）和希拉克（1995—2007 年在任）[1] 先后当选为总统。旧戴高乐

1　本书初版时，雅克·希拉克时任法国总统。译文按现今的实际情况进行了调整。

派的希拉克自不必说，社会党的密特朗也转变了政策，在多个领域继承了戴高乐的路线。但是法国国内外所面临的新形式不可能完全套用戴高乐的做法。这样一来，隐藏了一段时间的共和主义又在法国复活了。

如前文所述，共和主义是“德雷福斯事件”之后第三共和国时期占主导地位的政治文化，但因为后来法国上下都将1940年战败的责任归咎于斯，以致1945年以后几乎没人再提共和主义。依照伯尔斯坦的观点，这是由于国家福利政策对个体提供了保护，市民间的团结显得没那么重要了，另外因为经济的快速增长，作为共和主义的基础的独立中间阶层（农业经营者、小企业家等）所代表的小财产所有者的民主的社会理念过时了，并且抑制经济发展的社会政策往往被认为是时代的错误。

但是进入80年代以来，随着对无限的经济增长的幻想破灭、价值体系的崩溃，人们感到不安，舆论又开始倾向重新探索共和主义。但是，这种共和国模式并不是兴起于反教权主义的第三共和国时期的战斗模式。按伯尔斯坦的构想，此时的共和主义是一种折中的政治文化，它在不分散国家主权的范围内接受“全球化”，在拥护人权、维持团结、约束市场等方面建立起一个缓和的共识领域，极端自由主义、极左集产主义和排外的民族主义都是被排除在这一共识领域之外的。

“法国的例外”

这能说明法国的国家特性发生改变了吗？

有个说法叫“法国的例外”（l’Exception française），指的是西欧诸国中，近代法国走了一条独特的发展道路。简言之，法国政治的对立就像一场宗教信仰之战，容不下一丝妥协，因此法国历史上惨烈的革命和内乱不断。这种历史特性能终结于第五共和国吗？

现代历史学家米歇尔·维诺克（Michel Winock）从历史学和社会学两个方面对这一问题进行了解释。他从历史角度指出，近代法国政治对立的不妥协性承自法国大革命时期宗教与文化对立的政治文化。从社会学角度来看，法国国家的中央集权化发生得较早且比较成熟，但是社会发展迟缓，市民社会不够健全，因此集权国家与个人之间出现了空白，造成二者的直接对立。但是，就像针对法国大革命的解释出现了各种修正，这种政治文化的继承也伴随着清算。而且，经济增长也填补上了国家和社会之间的鸿沟。

因为持这样的观点，维诺克将 1981 年德斯坦到密特朗的政权交替以及 1986 年的共治政权看作是法国政治的转折点。在没有改变政体的前提下，法国通过选举实现了从右翼到左翼总统人选的更迭，而且总统还任命占议会多数的反对派党魁为总理。这在法国近代史上实在是例外，显示出右翼和左翼政党之间存在着共识，国家正在接近“两党制”。

本书所说的“例外”的问题，本质上与法国大革命时期的雅各宾主义相关。第 6 讲曾提到，法国大革命本来是以自由主义改革为开端的，但后来形成了抵抗势力、改革主体和民众运动的“三极构造”。为了排除抵抗势力，改革主体与民众运动相结合，形成了雅各宾主义。重要的是，雅各宾主义为了创造“近代”而使得“近代”与异质文化相交错，这两种不同的文化间的排斥和结合给予了历史发展一种独特的张力和烈度。现在，具有文化自主性的民众世界正在边缘化。而且在区域一体化进程中，没有哪个国家能够“例外”。这说明现在的法国的确处于一个转变期。

但是，本书不认为这个问题能够立刻得到解决。因为如第 8 讲所述，近代国家多多少少各有各的性格，“例外”性实际也是这种个性的体现。法国的个性表现为在危机之际向共和主义寻求身份认同。

共和主义是在三极构造内，改革主体为了打开局面尝试将自由与民主两种观念统一起来的一种政治文化。社会党和共产党的左翼将其与合理主义哲学、进步的观念、反教权主义以及个人对国家的拥护等第三共和国的传统文化结合起来。“法国保卫共和联盟”和“法国民主联盟”等稳健右翼将人民主权和法律面前人人平等视为人民的既得权力，认为共和国是集中了一定权力的中立制度。例如，国家的世俗性（la laïcité）是共和主义重要的组成部分，一方面，它是排除教会介入国家事务的反教权主义；另一方面，它把宗教作为一个私有领域，使国家对宗教保持中立。换言之，法国存在着两种共和主义，一种是“整体不可分割”的战斗的共和主义，一种是在多样性的基础上建立起共识的宽容的共和主义。

现在，欧洲一体化、移民和环境等问题成为法国新的争论焦点，但旧有的关于民族国家的争论仍然存在，因此很难预测共和主义将扮演什么样的角色、以何种形式发展。但是法国国家和社会的发展无疑为人类社会的发展提供了很多具有普遍意义的经验，今后法国选择怎样的历史发展道路，也值得我们继续关注。

后　记

本书基本上是一本简明法国通史，分为10章。一般来说，概述类的书籍可以自由确定章节篇幅，这本书却特意限定为“10讲”，目的是按照主题设立各章节，各章之间环环相扣，为读者呈现出一个有特色的“法国史整体印象”。就像先前出版的《德国史10讲》中作者坂井荣八郎先生所写的那样：“这绝不是一本大型概述的缩印本，而是一本渗透了作者对历史的思考和见解的通史。”

为了避免误解，在此申明两点。

其一，就像正文中所强调的那样，所谓法国史，并不是法国从头至尾独自发展的历史，而是法国在与欧洲其他国家乃至与世界范围内其他国家的关联中形成的相对的一国史。因此，“法国史的整体印象”也不应该被看作是固定不变的或绝对的。在当今社会，“民族国家”本身就有被重新审视的必要。

其二，关于国家的特性。近现代国家或多或少都是以“自由”和“平等”两个原则为基础的。仅强调“自由”就成了弱肉强食，只强调“平等”就成了集体主义。单凭一种观念，国家是无法存续的。国家的特性正是这两种相互矛盾的构成原则之间的关联所在，其律动的节奏构成了近现代的历史。这种律动是可以被感知的，本书将对这种律动的感知称为国家的“身份属性”。在这一点上，我认为法国一直是最有这种意识的国家。

本书的特点是不过分带入史实。想深入了解法国历史的读者可以参考山川出版社的《世界历史大系·法国史》(柴田、桦山、福井编，三卷)，或者《新版世界各国史·法国史》(福井编)。此外，近代以后的法国史有密涅瓦书房的《法国近代史》(服部、谷川编)以及该书的修订新版《近代法国历史》(谷川、渡边编)。这些基本就是日语文献的全部了。就个别研究领域，白水社的法国丛书《我知道什么？》(Que sais-je 译丛，クセジュ文庫)提供了值得信赖的高标准的史实和解释，于读者十分有益。在此略过尚未有日语译本的外语文献，仅列举一下对我自己了解法国现代史有所帮助的书目。除瑟伊出版社的《新法国现代史》系列(*Nouvelle histoire de la France contemporaine*, Paris, Seuil)以外，还有塞尔热·贝尔斯坦和米歇尔·维诺克共编的《法国政治史》第四卷《共和国的重启》(*La République recommencée*, Paris, Seuil, 2004),以及让-弗朗索瓦·希利内利编的《1914年至现在的法国》(*La France de 1914 à notre jours*, Paris, PUF, 2004)。应该指出的是,对法国社会政治史的解释还有很艰巨的工作要做。

本书的出版,因为我自身的种种原因颇为不易。这期间给编辑部的诸位添了很多麻烦,特别感谢在最后阶段提供了极大帮助的中西泽子女士。

2006年4月

柴田三千雄

图书在版编目（CIP）数据

法国史10讲 / (日) 柴田三千雄著；冯赫阳译. -- 北京：中国工人出版社，2021.8
ISBN 978-7-5008-7722-6

Ⅰ. ①法… Ⅱ. ①柴… ②冯… Ⅲ. ①法国—历史 Ⅳ. ①K565

中国版本图书馆CIP数据核字（2021）第170938号

著作权合同登记号：图字01-2020-2579

法国史10讲

出 版 人	王娇萍
责任编辑	董 虹 陈晓辰
责任印制	栾征宇
出版发行	中国工人出版社
地 址	北京市东城区鼓楼外大街45号 邮编：100120
网 址	http://www.wp-china.com
电 话	（010）62005043（总编室） （010）62005039（印制管理中心） （010）62004005（万川文化项目组）
发行热线	（010）82029051 62383056
经 销	各地书店
印 刷	北京盛通印刷股份有限公司
开 本	880毫米×1230毫米 1/32
印 张	8.25
字 数	150千字
版 次	2021年10月第1版 2021年10月第1次印刷
定 价	62.00元